LE CANCER
DE LA PROSTATE

LE CANCER
DE LA PROSTATE

Docteur Fred Saad

Docteur Michael McCormack

Préface du docteur Armen G. Aprikian

Avant-propos du docteur Dafydd Rhys Williams, astronaute

4e édition entièrement revue et mise à jour

AP Annika Parance Éditeur

Catalogage avant publication de Bibliothèque et Archives nationales du Québec et Bibliothèque et Archives Canada

Saad, Fred, 1960-

    Le cancer de la prostate

    4e édition entièrement revue.

    (Comprendre la maladie et ses traitements)
    Publié antérieurement sous le titre : Comprendre le cancer de la prostate.
    Montréal : Rogers, c2004.

    ISBN 978-2-923830-24-7

    1. Prostate - Cancer - Ouvrages de vulgarisation. 2. Prostate - Cancer - Traitement - Ouvrages de vulgarisation. I. McCormack, Michael, 1953-   . II. McCormack, Michael, 1953-   . Comprendre le cancer de la prostate. III. Titre. IV. Collection : Comprendre la maladie et ses traitements.

RC280.P7S22 2015   616.99'463   C2015-940805-9

AP Annika Parance Éditeur
1043, rue Marie-Anne Est
Montréal (Québec)
H2J 2B5
514 658 7217
apediteur.com

Conception graphique du livre et de la couverture : Francis Desrosiers, en collaboration avec Scalpel Design
Couverture : Jean-François Poliquin

Dépôt légal – Bibliothèque et Archives nationales du Québec, 2015
Dépôt légal – Bibliothèque et Archives Canada, 2015

La publication de cet ouvrage a été rendue possible grâce à une contribution inconditionnelle à visée éducative de sanofi-aventis Canada inc.

Imprimé au Canada

Je dédie ce livre à tous mes patients, qui m'ont permis de comprendre combien la vie est précieuse et qui me font me sentir utile dans leur combat contre le cancer de la prostate. Il est aussi dédié à mes enfants Geneviève, Julien, Véronique et Simon, et à ma tendre épouse Rachel, je les remercie d'accepter que je consacre autant de temps à la recherche et au traitement du cancer de la prostate.

Dr Fred Saad

Je dédie ce livre aux hommes qui sont atteints du cancer de la prostate et à leur famille. Je le dédie aussi à mes enfants Alie, Sophie et Marie-Hélène, et à ma merveilleuse épouse Marie-Claude. Merci pour leur soutien et leurs encouragements dans la poursuite de mes activités universitaires.

Dr Michael McCormack

Les auteurs tiennent à souligner le précieux travail de leur éditrice Annika Parance qui a permis de grandement améliorer cette quatrième édition.

AVERTISSEMENT
Les informations fournies dans ce livre sont publiées à titre informatif et ne peuvent en aucun cas remplacer une consultation ni l'avis personnalisé d'un médecin. Nous recommandons aux lecteurs de s'adresser à un praticien avant de commencer tout traitement.

TABLE DES MATIÈRES

CHAPITRE 2

LES FACTEURS DE RISQUE   51

CHAPITRE 4

LE TRAITEMENT DU CANCER
DE LA PROSTATE LOCALISÉ 85

CHAPITRE 5

LE TRAITEMENT DU CANCER AVANCÉ
DE LA PROSTATE · **133**

LES AUTEURS

Dr Fred Saad

Le Dr Fred Saad est professeur titulaire de chirurgie et d'urologie à l'Université de Montréal. Il est actuellement chef du service d'urologie et directeur de l'oncologie urologique au Centre hospitalier de l'Université de Montréal (CHUM). Il est également directeur du laboratoire d'oncologie moléculaire en cancer de la prostate de l'Institut du cancer de Montréal et directeur de la recherche en oncologie au Centre de recherche du CHUM. Depuis 2004, il est le titulaire de la Chaire en cancer de la prostate de l'Université de Montréal. En 2005, il a reçu le Prix du leadership et du rayonnement dans le domaine médical du CHUM. En 2014, il a reçu le prix d'excellence du CRCHUM pour sa carrière de recherche.

Le Dr Saad a été président de l'Association des urologues du Québec et du Groupe génito-urinaire de l'Institut national du cancer du Canada. Il est membre de 10 conseils de rédaction et réviseur-expert pour plus de 30 revues d'urologie et d'oncologie. Il a publié plus de 300 articles scientifiques et chapitres de livres. Il a collaboré à plus de 800 résumés scientifiques présentés à l'occasion de congrès scientifiques partout dans le monde. Il est coéditeur de plusieurs livres, dont *Le cancer de la prostate*, qui s'est vendu à plus de 160 000 exemplaires depuis la première édition en 2004.

Ses recherches se concentrent principalement sur les marqueurs pronostiques moléculaires dans le cancer de la prostate et sur les nouvelles approches en ce qui concerne le cancer de la prostate avancé. Actuellement, il coordonne plus de 40 projets de recherche clinique et fondamentale en oncologie urologique. Sur le plan national et international, il a été invité plus de 300 fois en tant que conférencier ou professeur du fait de son implication dans la recherche et la formation médicales.

Dr Michael McCormack

Le Dr Michael McCormack est urologue, adjoint au chef du service d'urologie du Centre hospitalier de l'Université de Montréal (CHUM) et professeur titulaire de clinique au département de chirurgie de la faculté de médecine de l'Université de Montréal.

Après avoir terminé ses études en neurophysiologie médullaire à l'Université McGill, il a fait sa formation en médecine à l'Université de Montréal. Il a obtenu son doctorat en 1983 et il a terminé sa formation en urologie en 1988. Au début de sa carrière, il a choisi une pratique privée à Saint-Jean-sur-Richelieu, où il a été chef du service d'urologie et chef du département de chirurgie. En 2000, il s'est joint à l'équipe d'urologues du CHUM.

Le D^r McCormack a occupé plusieurs fonctions universitaires. Il a été président du jury des examens d'urologie du Collège des médecins du Québec et vice-président du comité des examens d'urologie du Collège royal des médecins et chirurgiens du Canada. Il a été président de l'Association des urologues du Québec et webmestre de l'Association des urologues du Québec et du département de chirurgie de l'Université de Montréal. Il a été président du comité des technologies de l'information de l'Association des urologues du Canada. Il est coéditeur du journal trimestriel du département de chirurgie de l'Université de Montréal.

Le D^r McCormack a écrit plusieurs chapitres de livres médicaux et il est l'auteur de deux livres de vulgarisation médicale : *La santé sexuelle de l'homme* (2003) et *Le cancer de la prostate* (1re édition, 2004), dont il est le coauteur et qui a été vendu à plus de 160 000 exemplaires depuis la première édition en 2004.

En 2010, le D^r McCormack a reçu un des prix Esculape pour souligner l'excellence de son enseignement au Centre hospitalier universitaire de l'Université de Montréal (CHUM).

COLLABORATION SPÉCIALE POUR LE CHAPITRE 6 : LA VIE AVEC LE CANCER DE LA PROSTATE

Dr Luc Valiquette

Le Dr Luc Valiquette est urologue au Centre hospitalier de l'Université de Montréal et directeur du département de chirurgie de l'Université de Montréal. Ses domaines d'intérêt sont les maladies prostatiques, l'incontinence urinaire et les troubles de la miction, le dysfonctionnement érectile, les lithiases urinaires et le dossier médical électronique. Il est impliqué dans l'enseignement de deuxième et troisième cycles et dans la formation médicale continue depuis le début de sa pratique, en 1985. Il a plus de 250 résumés, articles scientifiques ou chapitres de livres à son actif. Il a été président de l'Association des urologues du Québec et de l'Association des urologues du Canada, ainsi que de la Société internationale d'urologie. Il est membre de plusieurs comités consultatifs pour des compagnies pharmaceutiques, pour des organismes caritatifs et pour Inforoute Canada.

Claudie Giguère

Claudie Giguère est détentrice d'un doctorat en psychologie clinique de l'Université de Montréal. Elle travaille au Centre hospitalier de l'Université de Montréal (CHUM) comme psychologue en oncologie depuis 2008 auprès de diverses équipes, dont celle d'urologie oncologique. Son travail clinique auprès des patients atteints de cancer et de leurs proches est au centre de sa pratique. Elle effectue également des activités d'enseignement auprès des membres du personnel soignant et elle est impliquée dans plusieurs équipes interdisciplinaires œuvrant en oncologie au CHUM. De plus, elle participe en tant que superviseure de stage à la formation des étudiants des cycles supérieurs en psychologie.

Renée Pichette

Renée Pichette détient une maîtrise en sexologie, concentration counseling de l'Université du Québec à Montréal. Elle est sexologue clinicienne en oncologie au Centre intégré de cancérologie du Centre hospitalier de l'Université de Montréal (CHUM) depuis 2008. Elle assure un suivi sexologique auprès des patients et de leur partenaire. En outre, elle est impliquée au sein de plusieurs équipes interdisciplinaires d'oncologie, dont l'urologie oncologique, et elle a acquis une expertise dans l'évaluation des troubles sexuels liés au cancer et à leur traitement.

En 2001, elle a participé à la préparation et à la rédaction d'un rapport pour l'implantation d'une clinique psychosexuelle dans le cadre du projet « Un pas de plus vers des équipes d'oncologie interdisciplinaires suprarégionales au CHUM ».

De plus, elle fait de l'enseignement, de la supervision et de la formation continue auprès du personnel soignant du service d'oncologie et des groupes intéressés par la sexualité des personnes atteintes de cancer. De 2002 à 2005, Mme Pichette a occupé le poste de directrice générale (par intérim) de l'Association des sexologues du Québec. Elle est membre fondatrice de l'Ordre professionnel des sexologues du Québec.

COLLABORATION SPÉCIALE POUR LE CHAPITRE 7 : GUIDE NUTRITIONNEL

Dr Neil E. Fleshner

Le Dr Neil. E. Fleshner est titulaire de la chaire d'urologie de l'Université de Toronto et chef de la division d'urologie du Réseau universitaire de santé/University Health Network. Il a fait d'importantes contributions dans le domaine de l'oncologie urologique et ses talents de chercheur sur le cancer lui ont valu une reconnaissance internationale. Actuellement, il se concentre en priorité sur la recherche translationnelle, la recherche clinique et la recherche sur les services de santé. Il a publié plus de 250 articles et il a jusqu'ici obtenu pour plus de 29 millions $ en subventions de fonctionnement.

Le Dr Fleshner a conceptualisé et développé – et il continue à superviser – une biobanque en uro-oncologie couronnée de succès qui sert de centre de ressources sur les découvertes translationnelles en protéomique et en génomique dans le but de personnaliser la médecine en vue d'améliorer les résultats de santé des patients dans le domaine de l'oncologie génito-urinaire. Le Dr Fleshner a également joué un rôle important en établissant un réseau de recherche canadien visant à favoriser la recherche en biologie partout au pays.

PRÉFACE

Le cancer de la prostate est désormais le cancer qui est le plus fréquemment diagnostiqué chez les hommes : un homme sur sept aura un cancer de la prostate au cours de sa vie.

En tant qu'urologue-oncologue, je traite des hommes atteints du cancer de la prostate et j'aide leur famille à affronter la maladie, et on me demande souvent de la documentation pour répondre à toutes les questions qui se posent. Bien qu'il existe plusieurs ouvrages pratiques, cette contribution des docteurs Fred Saad et Michael McCormack est une des plus utiles que je connaisse.

La difficulté, avec tout ouvrage médical traitant d'un sujet complexe comme le cancer de la prostate, c'est d'être capable d'en expliquer les différents aspects de façon claire, concise et exhaustive. Je pense que les auteurs de ce livre ont réussi à donner aux hommes et à leur famille tous les renseignements dont ils auront besoin pour les aider à traverser les moments difficiles qu'ils connaîtront au cours de cette maladie.

Quand ils apprennent qu'ils ont le cancer de la prostate, les hommes subissent souvent un choc qui les empêche de se concentrer sur les autres renseignements importants que leur donne leur médecin. En quittant le cabinet médical, ils sont terrifiés et un grand nombre de questions qu'ils auraient voulu poser restent sans réponse. Ce livre pourra aider à dissiper certaines de leurs craintes et à répondre à beaucoup de leurs interrogations. Et, plus important encore, l'ouvrage pourra les aider à se préparer à poser les bonnes questions à leur médecin lors des visites subséquentes.

Ce livre, bien écrit et facile à lire, comporte des illustrations détaillées. Mais, surtout, il apporte l'information médicale la plus récente, couvrant la maladie dans son ensemble, depuis la prévention aux soins palliatifs, en passant par le diagnostic et le traitement. Les auteurs fournissent des renseignements explicites sur la prévention et sur le rôle de l'alimentation et des suppléments nutritionnels, et ils passent en revue les diverses options de traitement qui ont donné de bons résultats avec des explications claires quant aux effets secondaires des diverses méthodes. Qui plus est, ce livre est un des rares à consacrer autant de place à l'importance de l'impact psychologique du diagnostic de cancer de la prostate sur la personne atteinte et sur ses proches.

Bravo aux docteurs Saad et McCormack pour cet excellent livre ! Je suis persuadé qu'il aidera de nombreux hommes et leur famille à mieux supporter la maladie. Car plus les hommes seront renseignés au sujet du cancer de la prostate, plus ils seront en mesure de se prendre en charge et de faire face à cette maladie.

Docteur Armen G. Aprikian
Professeur titulaire de chirurgie
Chef du département d'urologie de l'Université McGill
Urologue en chef, Centre universitaire de santé McGill

AVANT-PROPOS

« Vous avez un cancer de la prostate. » Ces quelques mots, on voudrait ne jamais avoir à les entendre ! Pourtant, au Canada, un homme sur sept risque de développer un cancer de la prostate. Il s'agit du cancer le plus fréquemment diagnostiqué chez les hommes et son incidence a augmenté de 30 % depuis 1988. Bien qu'il frappe le plus souvent après l'âge de 70 ans, il arrive qu'il touche des hommes dans la quarantaine ou dans la cinquantaine.

À l'instar d'autres types de cancers, cette maladie affecte non seulement le patient, mais aussi sa compagne et sa famille. Au moment du diagnostic, bien des interrogations demandent à être dissipées. Or, avant la parution de ce livre, il n'existait aucune publication fournissant des explications simples, concises et pratiques pour aider les hommes atteints du cancer de la prostate. Cet ouvrage est donc une formidable source d'information sur la prévention et les causes du cancer de la prostate, sur le diagnostic précoce ainsi que sur les options de traitement qui s'offrent aux patients, leurs effets secondaires et les complications auxquelles elles sont associées.

On y aborde des questions souvent éludées, comme les retombées psychologiques de la maladie et les effets du traitement sur les fonctions sexuelles et sur la virilité. C'est ainsi que le lecteur sera informé des nombreux choix de traitement qui sont à la disposition des patients pour préserver leur virilité et qu'il constatera, rassuré, que beaucoup d'hommes continuent de mener une vie heureuse et productive durant de nombreuses années malgré la maladie.

Bien que l'incidence du cancer de la prostate continue d'augmenter, les dernières avancées de la science en matière de traitement ont permis de réduire le risque de décès. En effet, des progrès considérables ont été faits en procédant à des chirurgies très peu invasives pour traiter certaines formes de cancers de la prostate, ce qui a eu pour effet de réduire les risques de complications et de permettre un rétablissement plus rapide. Ce livre passe également en revue le rôle du régime et des suppléments alimentaires dans la prévention du cancer de la prostate, ce qui en fait une précieuse source d'information pour les hommes qui présentent un risque élevé de contracter la maladie.

Apprendre que l'on a un cancer de la prostate est certes une terrible nouvelle, mais elle est probablement moins pénible aujourd'hui que par le passé. Car, même si les connaissances médicales sur le cancer de la prostate sont encore incomplètes, les nombreuses activités de recherche entreprises sur cette maladie dans le monde nous donnent de bonnes raisons d'espérer que la qualité de vie des hommes atteints du cancer de la prostate ira en s'améliorant dans les prochaines années.

Docteur Dave Williams, astronaute
Agence spatiale canadienne
Survivant du cancer de la prostate

LE CANCER
DE LA PROSTATE
EN 25 QUESTIONS

(1) Qu'est-ce que le cancer?

Le cancer est causé par la croissance incontrôlée de cellules anormales. Après un certain temps, ces groupes de cellules forment une masse appelée tumeur. Le cancer peut prendre naissance dans n'importe quel type de cellules d'un organe, d'une glande, des tissus musculaires, du sang et du système lymphatique. Dans le cas du cancer de la prostate, ce sont généralement les cellules sécrétoires qui deviennent cancéreuses. En théorie, il existe deux types de cancers de la prostate : ceux qui progressent lentement et ceux qui sont foudroyants. En réalité, la grande majorité des cancers de la prostate se situent entre ces deux extrêmes : ils évoluent à une vitesse moyenne. Pour le moment, la science ne dispose pas d'outils pour déterminer avec précision le rythme de la progression d'un cancer diagnostiqué chez un individu donné. (Chapitre 1)

(2) Que sont des métastases?

Avec le temps, les cellules malignes des tumeurs cancéreuses peuvent envahir les tissus ou les organes avoisinants. Elles peuvent même se propager dans l'ensemble du corps en empruntant, par exemple, la circulation sanguine ou lymphatique. C'est le stade dit « métastatique », synonyme de cancer généralisé. Dans le cancer de la prostate, les sites les plus fréquents des métastases sont les ganglions et les os. (Chapitres 1 et 4)

(3) Le cancer de la prostate est-il fréquent?

Oui. Le cancer de la prostate est la forme de cancer la plus répandue chez les Canadiens de sexe masculin (à l'exclusion du cancer de la peau sans présence de mélanome). En 2011, on estimait à 25 500 le nombre de Canadiens qui ont reçu un diagnostic de cancer de la prostate et à 4 100 le nombre de ceux qui en sont décédés. Chaque jour, 70 Canadiens en moyenne reçoivent un diagnostic de cancer de la prostate. Chaque jour, 11 Canadiens en moyenne meurent des suites de cette maladie. Un homme sur 7 risque d'avoir un cancer de la prostate au cours de sa vie, le plus souvent après l'âge de 60 ans. Un homme sur 28 en mourra. (Chapitre 1)

(4) Quels sont les symptômes?

Comme le cancer de la prostate se développe « en silence » dans la majorité des cas, un homme peut vivre avec cette maladie sans se douter de rien jusqu'à ce qu'elle soit décelée par hasard. C'est un fait, 80 % des cancers de la prostate sont découverts de façon fortuite au cours d'un examen de routine. Ils n'ont alors pas commencé à provoquer de symptômes et les hommes se sentent tout à fait bien. Parfois, la maladie en est à ses débuts, parfois elle est assez avancée. (Chapitre 3)

(5) Quelle est la différence entre l'hypertrophie bénigne de la prostate et le cancer de la prostate?

L'hypertrophie bénigne de la prostate se caractérise par une augmentation bénigne de la taille de la prostate. On ne sait pas très bien pourquoi la prostate augmente de volume au point de finir par gêner le passage de l'urine, mais on considère que c'est une conséquence normale du vieillissement. Contrairement à ce qu'il se passe dans le cancer de la prostate, les cellules qui croissent et se multiplient sont parfaitement normales et il n'y a aucun risque qu'elles s'étendent à d'autres parties de l'organisme. L'hypertrophie bénigne de la prostate ne nécessite aucun traitement, sauf si les symptômes sont gênants. (Chapitre 1)

(6) Quels sont les facteurs de risque de cancer de la prostate?

Les connaissances actuelles sur le cancer de la prostate sont encore incomplètes, en particulier en ce qui concerne ses facteurs de risque. L'âge et les antécédents familiaux sont les plus importants facteurs de risque. L'alimentation et d'autres facteurs environnementaux peuvent également y contribuer. La plupart des hommes chez qui on diagnostique un cancer de la prostate ont plus de 65 ans. (Chapitre 2)

(7) Le cancer de la prostate est-il héréditaire?

Les hommes qui ont des cas de cancer de la prostate dans leur famille y sont plus exposés que les autres et, en général, le cancer risque de se déclarer un peu plus tôt chez eux. Les hommes dont le père ou le frère ont eu un cancer de la prostate sont deux fois plus susceptibles d'en souffrir à leur tour. Si deux proches ont été atteints (par exemple, le père et un ou deux frères), le risque est encore plus élevé. On a observé qu'une prédisposition familiale ou héréditaire se rencontre dans environ 15 % des cas de cancer de la prostate. Il est probable qu'à la fois la génétique et l'environnement jouent un rôle dans le développement de ce cancer. (Chapitre 2)

(8) Peut-on prévenir le cancer de la prostate ?

Il est possible que des modifications dans l'apport alimentaire, associées à la consommation de certains micronutriments, aient un impact sur le cancer de la prostate. Mais pour l'instant, rien n'est prouvé ni approuvé en matière de prévention du cancer de la prostate. (Chapitre 7)

(9) Qui soigne le cancer de la prostate ?

Ce sont habituellement des urologues et des radio-oncologues qui traitent le cancer de la prostate une fois que le diagnostic a été posé. Si des métastases sont présentes, particulièrement quand on utilise la chimiothérapie, un oncologue médical se joint souvent à ces professionnels de la santé. De plus, l'équipe de soins qui accompagne le patient (composée du médecin de famille, d'infirmières, de technologues en radio-oncologie et de bénévoles) est là pour le réconforter et le soutenir. (Chapitres 3 et 6)

(10) Quels genres d'examens médicaux doit-on passer et sont-ils douloureux ?

Les tests nécessaires pour poser le diagnostic ne sont généralement pas douloureux, mais ils peuvent être désagréables. Une combinaison de trois tests aide à détecter un cancer de la prostate : le toucher rectal, le test de l'APS sanguin et la biopsie de la prostate. Pour ce qui est du toucher rectal, le médecin introduit un doigt ganté dans le rectum du patient afin de palper la glande. À l'état normal, la prostate est lisse et caoutchouteuse. Le médecin cherche donc l'éventuelle présente d'une protubérance ou d'une induration (durcissement). Bien qu'utile, le toucher rectal n'est en aucun cas un test diagnostic parfait puisqu'il ne permet pas d'examiner la totalité de la prostate. La plupart des cas de cancer diagnostiqués au Canada ne sont pas détectés à l'examen physique, mais à l'aide d'un test de l'APS. Pour déterminer la présence d'un cancer, il est nécessaire de faire une biopsie guidée par une sonde échographique placée dans le rectum. Cela est un peu douloureux, mais nécessaire pour poser le diagnostic de cancer. On ne pratique une biopsie que quand le toucher rectal ou le taux d'APS s'avèrent anormaux. (Chapitre 3)

(11) Qu'est-ce que l'APS?

L'APS est une glycoprotéine (une protéine mélangée avec une molécule de sucre) produite par les cellules normales de la prostate. Une partie de l'APS se retrouve aussi dans la circulation sanguine. Le taux d'APS varie en fonction de l'âge et de la race, et il a naturellement tendance à s'élever chez les hommes de plus de 40 ans à cause de l'augmentation du volume de la prostate. Plus il y a de cellules dans la prostate, plus elles produisent d'APS, même en l'absence d'un cancer. En cas de cancer, une plus grande quantité d'APS peut se retrouver dans le sang et, par conséquent, le taux d'APS est plus élevé chez la plupart des personnes atteintes. (Chapitre 3)

(12) Peut-on avoir un cancer de la prostate malgré un taux d'APS normal?

Oui. Le test de l'APS peut s'avérer normal (inférieur à 4) chez des patients qui ont un cancer de la prostate. De fait, selon une étude publiée en 2004 dans le *New England Journal of Medicine*, ce taux reste dans les limites normales chez 15 % des hommes atteints de la maladie. C'est ce qu'on appelle un faux négatif. (Chapitre 3)

(13) Est-ce qu'un taux d'APS élevé indique toujours un cancer de la prostate ?

Non. Il ne faut jamais perdre de vue que l'APS est spécifique à la prostate, mais pas au cancer de la prostate ; son taux peut augmenter en l'absence d'un cancer pour diverses raisons : l'âge, la race, une hypertrophie bénigne ou une inflammation de la prostate, ou encore une infection urinaire. La plupart du temps, le taux redevient normal quand on peut traiter le problème. La manipulation prostatique par un urologue – lors d'une biopsie de la prostate, par exemple – peut, elle aussi, causer une augmentation momentanée de l'APS. C'est ce qu'on appelle un faux positif. Il ne faut donc pas tirer de conclusions trop hâtives. Par contre, il est plutôt rare que le toucher rectal provoque cette élévation. (Chapitre 3)

(14) Est-ce que l'activité sexuelle affecte l'APS ?

Pas de façon importante.

(15) Si le cancer est découvert à un stade précoce, quelles sont les options ?

Si le cancer est localisé dans la prostate et y est limité, il est très probable qu'il pourra être guéri et les patients auront alors plusieurs options. Le traitement dépendra de l'agressivité du cancer ainsi que de l'âge du patient, de son espérance de vie et de ses préférences. Les options sont la surveillance active, l'intervention chirurgicale et la radiothérapie. (Chapitre 4)

(16) En cas de cancer découvert d'un seul côté de la prostate, peut-on n'enlever que la partie atteinte ?

Non. Même si le toucher rectal ou les biopsies prostatiques ne mettent le cancer en évidence que d'un seul côté, sur un seul lobe de la prostate, on sait qu'il s'agit d'un cancer multifocal, c'est-à-dire que l'on retrouve généralement dans plusieurs foyers (sept en moyenne) au microscope, répartis dans toute la prostate. Pour cette raison, il est indispensable de faire l'ablation de l'ensemble de la glande en cas d'opération, ou de la traiter au complet en cas de radiothérapie externe ou de brachythérapie. (Chapitre 4)

⑰ **Peut-on prédire le degré d'agressivité du cancer et quelles sont les chances de guérison ?**
Les médecins ne peuvent pas prédire avec précision le degré d'agressivité d'un cancer nouvellement diagnostiqué ni son risque de progression. Ils disposent cependant de certains outils pour les aider à guider le patient, à savoir les tables de Partin, les nomogrammes de Kattan et la table de survie d'Albertsen. Ces échelles d'évaluation sont utiles pour aider à prédire le niveau de risque auquel le patient est exposé. (Chapitre 4)

⑱ **Le cancer de la prostate peut-il disparaître tout seul ?**
Non, mais dans bien des cas, le cancer de la prostate évolue lentement et peut, pendant une longue période, ne pas provoquer de symptômes, ne pas se propager et ne pas mettre la vie du patient en danger. Chez les hommes âgés (de plus de 70 ans en général), il est fréquent qu'un cancer à évolution lente ne cause jamais de problème et que le patient décède d'autre chose. Lorsque tout indique que le cancer progressera lentement, le médecin préférera peut-être attendre une éventuelle manifestation de la maladie avant d'entreprendre un traitement. Il est important, dans certains cas, de mettre en balance les inconvénients du traitement et les risques que représente le cancer. (Chapitre 4)

19 **Les effets secondaires des traitements touchent-ils tous les patients ?**

En général, le traitement du cancer de la prostate peut être associé à un certain degré de dysfonctionnement sexuel (habituellement soignable) ; cependant, la libido et les orgasmes sont préservés, sauf si on utilise l'hormonothérapie. L'incontinence urinaire, rare, est la plupart du temps associée à la chirurgie. La radiothérapie peut provoquer une irritation au niveau du rectum et de la vessie. L'hormonothérapie provoque généralement la perte de la libido et divers problèmes sexuels, de même que des bouffées de chaleur. (Chapitres 4 et 5)

20 **Mon taux d'APS s'est élevé bien que j'aie suivi un traitement qui était censé me guérir. Que s'est-il passé ?**

Quand le taux d'APS s'élève à la suite d'un traitement, quel qu'il soit, cela indique habituellement que le cancer a réapparu. Malheureusement, aucun traitement ne peut garantir une guérison. Le risque de récurrence varie en fonction de l'agressivité du cancer au moment du diagnostic. Le test de l'APS permet de détecter la récurrence du cancer à un stade précoce et un traitement supplémentaire permettra éventuellement de maîtriser la maladie avant qu'elle ne s'étende à d'autres organes. (Chapitres 3 et 4)

21 **Y a-t-il un traitement possible si le cancer s'est déjà étendu aux os ?**

Oui. Il y a toujours de l'espoir, même au stade le plus avancé du cancer de la prostate. Bien qu'on ne puisse pas s'attendre à une guérison, il est possible, grâce à l'hormonothérapie, de vivre pendant plusieurs années avec une très bonne qualité de vie. La recherche continue à améliorer l'espérance de vie et la qualité de vie des patients. (Chapitre 5)

㉒ Le cancer continue à évoluer malgré l'hormonothérapie. Y a-t-il encore un espoir?

Cela a constitué le principal domaine de la recherche au cours des 10 dernières années. De nombreux traitements ont été mis au point et ont aidé à prolonger la vie des hommes et à préserver leur qualité de vie. On dispose de la chimiothérapie et de nouvelles formes d'hormonothérapie qui permettent de garder les patients plus longtemps en vie dans de bonnes conditions. D'autres traitements aident à renforcer les os et à réduire les risques de complications des suites du cancer qui s'y est propagé. On voit aussi apparaître de nouvelles options, dont des traitements prometteurs qui sont encore à l'étude. (Chapitre 5)

㉓ Peut-on guérir du cancer de la prostate?

Oui. Si le cancer est découvert suffisamment tôt, s'il reste confiné à la prostate et s'il est traité en temps opportun, on peut généralement le guérir. (Chapitre 4)

㉔ Doit-on prendre des compléments alimentaires?

Du fait de la latitude nordique du Canada et de la faiblesse des rayons du soleil en automne et en hiver, il est recommandé aux Canadiens adultes d'envisager de prendre un supplément de vitamine D. Demandez à votre médecin si vous devriez prendre 1 000 unités internationales (UI) par jour durant les mois d'automne et d'hiver. (Chapitres 2 et 7)

㉕ On me propose de participer à un essai clinique (protocole). Que faut-il en penser?

La recherche nous permet d'améliorer notre façon de traiter le cancer. C'est grâce aux recherches auxquelles ont participé des hommes atteints du cancer de la prostate que nous comprenons mieux ce cancer et que nous disposons de nouveaux traitements. En participant à un essai clinique, vous pourriez avoir accès à de nouveaux traitements. Ces essais impliquent un suivi étroit pour déterminer l'efficacité d'un nouveau traitement comparativement aux traitements standard (s'il y en a) et identifier les effets secondaires. Dans la grande majorité des cas, les avantages associés à la participation à un essai clinique surpassent largement les inconvénients. Les personnes que cela intéresse devraient demander à leur médecin s'il y a des études en cours qui seraient susceptibles de leur être bénéfiques.

CHAPITRE 1

COMPRENDRE LE CANCER DE LA PROSTATE

« Cancer de la prostate. » Le verdict vient de tomber. L'homme qui reçoit ce diagnostic est doublement angoissé. Pourra-t-il en guérir ? Qu'adviendra-t-il de sa virilité ? De telles appréhensions sont tout à fait normales. Pour la plupart des patients, cependant, l'inquiétude diminue une fois que le traitement a commencé et qu'ils connaissent mieux leur maladie.

Il est possible de guérir du cancer de la prostate si la maladie est diagnostiquée à ses premiers stades de développement. Lorsque la maladie a atteint le stade avancé, le traitement peut en soulager les symptômes et prolonger la vie. Il faut aussi savoir que le cancer de la prostate entraîne rarement un dysfonctionnement érectile. Ce sont plutôt les traitements qui peuvent avoir ce type de répercussions.

Il existe plusieurs formes de cancer de la prostate, tout comme il en existe plusieurs causes, et l'évolution de la maladie varie beaucoup d'une personne à l'autre. Bien que les connaissances scientifiques se soient précisées au cours des 20 dernières années, il reste encore des progrès à faire avant que l'on maîtrise parfaitement tous les aspects de cette maladie sournoise. Cela dit, les traitements du cancer de la prostate se sont considérablement améliorés ces dernières années. Ainsi, il faut retenir que de nombreux hommes continuent d'avoir une vie productive longue et agréable en dépit de cette maladie.

QU'EST-CE QUE LE CANCER DE LA PROSTATE ?

De façon générale, un cancer est causé par la croissance incontrôlée de cellules anormales. Il peut prendre naissance dans n'importe quel type de cellules d'un organe, d'une glande, des tissus musculaires, du sang et du système lymphatique.

En temps normal, les cellules du corps contiennent toutes les informations qui régissent leur développement, leur fonctionnement, leur reproduction et leur mort. Généralement, ces cellules fonctionnent bien et le corps reste en bonne santé. Mais il arrive que certaines cellules ne se comportent pas de façon normale et se multiplient sans arrêt. Elles finissent par former des groupes de cellules anormales. Après un certain temps, ces groupes forment une masse appelée tumeur. Ce sont ces tumeurs que les médecins peuvent détecter.

Avec le temps, les cellules malignes des tumeurs cancéreuses peuvent envahir les tissus ou les organes avoisinants. Elles peuvent même se propager dans l'ensemble du corps en empruntant, par exemple, la circulation sanguine ou lymphatique. C'est le stade dit « métastatique », synonyme de cancer généralisé.

Dans le cas du cancer de la prostate, ce sont surtout les cellules sécrétrices qui se dérèglent et se transforment en cellules cancéreuses. Une fois le diagnostic établi, on choisit le traitement en fonction du stade d'évolution de la maladie et de l'état de santé du patient.

Les chercheurs ont identifié deux types de cancers de la prostate : ceux qui progressent lentement et ceux qui sont foudroyants. Voilà pour la théorie. En réalité, la grande majorité des cancers de la prostate se situent entre ces deux extrêmes : ils évoluent à une vitesse moyenne. Pour le moment, la science ne dispose pas d'outils pour déterminer avec précision le rythme de la progression d'un cancer diagnostiqué chez un individu donné.

Environ 14 % des Canadiens souffriront d'un cancer de la prostate « clinique » (le médecin a détecté sa présence et a pu poser officiellement le diagnostic). Cependant, à la suite d'un grand nombre d'autopsies, les chercheurs ont découvert que 30 %

CES MYTHES QU'IL FAUT DÉTRUIRE

Je souffre de problèmes urinaires, alors j'ai probablement un cancer de la prostate.
Faux. La très grande majorité des patients qui ont du mal à vider leur vessie – ce qu'on appelle le prostatisme – ne souffrent pas d'un cancer de la prostate, mais plutôt d'une hypertrophie bénigne de la prostate.

Le dysfonctionnement érectile est un indice de cancer de la prostate.
Faux. Le cancer de la prostate ne cause pas de troubles de l'érection. Ce sont les traitements du cancer qui peuvent entraîner un dysfonctionnement érectile.

Le cancer de la prostate ne tue pas.
Faux. Bien des hommes, lorsqu'ils apprennent qu'ils ont un cancer de la prostate, se disent : « Ça aurait pu être pire. C'est un cancer dont on ne meurt plus. » Erreur ! Cette maladie est toujours une cause de mortalité importante. Cela dit, au Canada, les maladies cardiovasculaires et le cancer du poumon continuent à faire davantage de victimes chez les hommes.

des autres hommes de plus de 50 ans ont un cancer latent. Chez ces personnes, les cellules cancéreuses se trouvent dans la prostate, mais elles restent endormies et elles n'attaqueront pas l'organisme : le cancer est là, mais il ne fait pas de mal. Ce ne sont pas tous les hommes qui auront un cancer de la prostate latent, mais la probabilité augmente avec l'âge.

Le cancer de la prostate est un des rares cancers – dans l'état actuel des connaissances –, qui puisse être latent aussi longtemps. Les chercheurs essaient de comprendre pourquoi un cancer reste latent tandis qu'un autre se manifeste. On croit, bien sûr, que des facteurs de risque et certains gènes jouent un rôle important dans le développement du cancer « cliniquement significatif », mais on ignore encore le mécanisme en cause.

L'ANATOMIE DE LA PROSTATE

La prostate est une glande dont la sécrétion contribue à la formation du sperme. De la grosseur d'une noix, elle ne pèse pas plus de 20 g lorsqu'elle est saine. La prostate est située sous la vessie et elle est traversée par l'urètre, le canal qui transporte l'urine vers l'orifice du pénis. La prostate est aussi voisine des vésicules séminales. Comme sa face arrière touche au rectum, un médecin peut juger de son volume et de sa consistance par un toucher rectal (*Figure* ❶).

Pendant l'enfance, la prostate est minuscule. C'est plus tard, à la puberté, qu'elle se développe avec la poussée de testostérone (hormone sexuelle masculine) qui fait aussi grossir le pénis, les testicules et le scrotum. C'est donc dire que la prostate se développe en même temps que le jeune homme acquiert pilosité et voix grave.

C'est à cette période qu'elle devient l'un des organes reproducteurs mâles, car elle sécrète alors des nutriments et du liquide nécessaires à la survie des spermatozoïdes. La prostate est donc surtout « utile » pour la procréation.

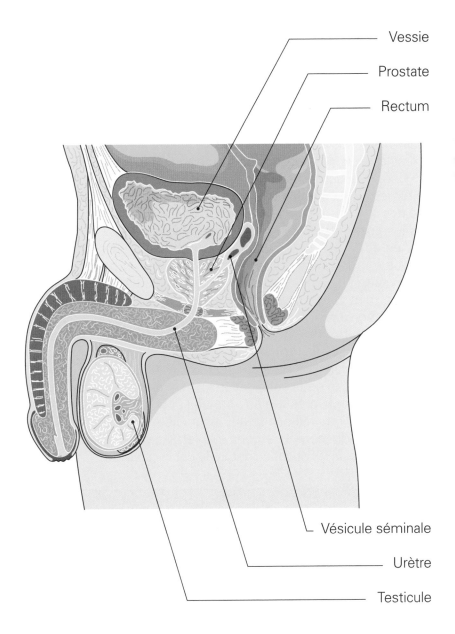

Vessie

Prostate

Rectum

Vésicule séminale

Urètre

Testicule

❶ L'anatomie de la prostate et des organes avoisinants

LES FONCTIONS DE LA PROSTATE

Même si l'on trouve de 20 à 100 millions de spermatozoïdes dans un éjaculat moyen (l'éjaculat est le contenu d'une éjaculation), les spermatozoïdes ne constituent que de 1 % à 5 % du volume total du sperme. Les autres substances sont essentiellement produites par la prostate et les vésicules séminales. C'est d'ailleurs dans la prostate que ces substances se mélangent avant l'éjaculation.

Certaines des substances (des protéines et du zinc) servent de protection contre les bactéries et permettent de réduire l'acidité des sécrétions vaginales afin que ces dernières ne détruisent pas les spermatozoïdes. Le sperme renferme aussi des acides aminés et de grandes quantités de fructose – un sucre –, qui constitue une source d'énergie pour les spermatozoïdes. On y trouve aussi des prostaglandines qui, une fois dans le vagin, provoquent des contractions musculaires facilitant l'avancée du sperme vers le fond de l'utérus.

La prostate produit aussi une protéine appelée « antigène prostatique spécifique » (APS ou PSA en anglais). On pense qu'elle a pour fonction de liquéfier les substances qui composent le sperme et que cette liquéfaction joue un rôle dans la fertilité.

En somme, la prostate sécrète des substances essentielles au maintien d'un environnement favorable à la survie des spermatozoïdes. Elle contribue donc à la fertilité masculine. De fait, sans prostate, la fécondation naturelle est impossible.

CE QUE LA PROSTATE NE FAIT PAS

Un mythe tenace veut que la prostate contrôle en bonne partie l'érection du pénis. C'est pourquoi bien des hommes qui éprouvent des problèmes érectiles craignent de souffrir d'un problème de prostate. En réalité, la prostate participe peu au mécanisme de l'érection. Par conséquent, l'origine du dysfonctionnement érectile se situe ailleurs.

De plus, si la prostate est composée de cellules sécrétrices (on dit aussi exocrines), elle est également dotée de cellules musculaires. Ces muscles participent à l'évacuation du sperme au cours de l'éjaculation.

APERÇU DES AUTRES MALADIES LES PLUS FRÉQUENTES DE LA PROSTATE

Lorsqu'un homme souffre d'un problème d'évacuation de l'urine, il craint parfois d'être atteint du cancer de la prostate. Il est vrai que ce cancer peut parfois provoquer ces symptômes. Cependant, d'autres maladies de la prostate, non cancéreuses, sont la plupart du temps en cause. Il est indiqué de consulter un médecin pour obtenir un diagnostic précis.

L'hypertrophie bénigne de la prostate

À partir de l'âge de 30 ans, la prostate augmente peu à peu de volume. C'est un phénomène encore mal compris, mais on sait que la testostérone contribue à cette hypertrophie. En grossissant, la prostate risque parfois de comprimer le canal urinaire qui la traverse et peut alors causer divers problèmes : difficulté à uriner, faible jet urinaire, impossibilité de vider complètement la vessie, besoin constant d'uriner, « fuites » d'urine. Ces symptômes obstructifs et irritatifs sont connus sous le nom de prostatisme (*voir « La prostatite » plus loin dans ce chapitre*).

Bien que désagréable, l'hypertrophie bénigne de la prostate n'est pas cancéreuse. En fait, c'est une affection fréquente qui touche presque tous les hommes à mesure qu'ils avancent en âge (environ 25 % d'entre eux devront être traités). Le médecin peut prescrire des médicaments qui diminueront les symptômes ou, dans les cas plus sérieux, il peut se tourner vers la chirurgie afin d'enlever la partie de la prostate qui est responsable de l'obstruction.

La prostatite

La prostatite infectieuse peut être causée par une bactérie provenant d'une infection urinaire ou d'une infection transmissible sexuellement. D'habitude, cette maladie aiguë produit les symptômes suivants : forte fièvre, frissons, douleurs dans le bas du ventre et dans le dos, envie fréquente d'uriner, difficultés et brûlures à la miction et à l'éjaculation. Quelquefois, on retrouve aussi du sang dans le sperme. Un traitement à base d'antibiotiques guérit cette infection.

Par ailleurs, certains hommes ont des douleurs au bas-ventre lorsqu'ils urinent ou éjaculent, mais ils ne souffrent pas d'infection. Dans leur cas, il ne s'agit donc pas d'une prostatite infectieuse. Il y a quelques années, on appelait cela une « prostatite chronique ». Aujourd'hui, cependant, la communauté scientifique parle plutôt de « douleurs pelviennes chroniques », car il n'est pas certain que la prostate soit en cause. Ces douleurs sont encore mal connues. Les traitements utilisés incluent des antibiotiques, des anti-inflammatoires et des médicaments qui relâchent les muscles lisses de la prostate.

À noter que le terme « prostatisme » est bien ancré dans les habitudes cliniques des médecins, mais il s'agit d'un terme mal choisi. En effet, il regroupe des problèmes qui ne proviennent pas forcément de la prostate (ils peuvent résulter d'une infection urinaire ou de troubles de l'urètre, par exemple).

La documentation médicale de langue anglaise a remplacé le terme « prostatisme » par le sigle « LUTS » (pour *Lower Urinary Tract Symptoms*). Pour l'instant, les textes en français utilisent encore couramment le terme « prostatisme ». Il faut donc se souvenir que le « prostatisme » n'est pas nécessairement dû à un problème de prostate.

STATISTIQUES DE LA SOCIÉTÉ CANADIENNE DU CANCER

Le cancer de la prostate est la forme de cancer la plus répandue chez les Canadiens de sexe masculin (à l'exclusion du cancer de la peau sans présence de mélanome).

En 2014 :

- On a estimé à 23 600 le nombre de Canadiens qui ont reçu un diagnostic de cancer de la prostate et à 4 000 le nombre de ceux qui en sont décédés.

- Chaque jour, 70 Canadiens en moyenne reçoivent un diagnostic de cancer de la prostate.

- Chaque jour, 11 Canadiens en moyenne meurent des suites de cette maladie.

- Un homme sur 7 risque d'avoir un cancer de la prostate au cours de sa vie, le plus souvent après l'âge de 60 ans. Un homme sur 28 en mourra.

Depuis 1980, on a constaté une tendance à la hausse de l'incidence du cancer de la prostate, ce qui est probablement dû à la fois à l'augmentation de la détection précoce, au vieillissement de la population et à une possible modification des facteurs de risque. Au cours de la même période, le taux de décès s'est élevé beaucoup plus lentement et il a même commencé à décliner au milieu des années 1990.

TAUX D'INCIDENCE ET DE MORTALITÉ DU CANCER DE LA PROSTATE AU CANADA

Alors que les taux d'incidence du cancer de la prostate suivent graduellement une courbe ascendante, deux pics ont été atteints, un en 1993 et un autre plus petit en 2001, suivis dans chaque cas d'un fléchissement. Cette tendance coïncide avec deux vagues d'intensification du dépistage au moyen du dosage de l'antigène prostatique spécifique (APS), qui permet de déceler le cancer de la prostate à un stade précoce. La première vague a suivi l'introduction du dosage de l'APS comme méthode de dépistage ; la seconde, qui n'a pas été observée aux États-Unis, peut s'expliquer par la publicité entourant le diagnostic de cancer de la prostate reçu en 2001 par Allan Rock, ministre de la Santé du Canada de l'époque, à la suite d'un dosage sérique de l'APS.

Si l'augmentation continue des taux d'incidence peut être attribuable à une amélioration de la détection précoce, elle peut aussi être en partie imputable à l'impact des facteurs de risque environnementaux qui accroissent le risque. Il reste que l'étiologie du cancer de la prostate demeure mal connue.

Le nombre de décès dus au cancer de la prostate a augmenté beaucoup plus lentement depuis 1978, et a amorcé un mouvement à la baisse au milieu des années 1990, affichant une diminution significative de 2,7 % par an entre 1994 et 2003, possiblement grâce à l'effet combiné de la détection précoce et de l'amélioration du traitement.

Pour en savoir plus, consultez le site de la Société canadienne du cancer à : www.cancer.ca

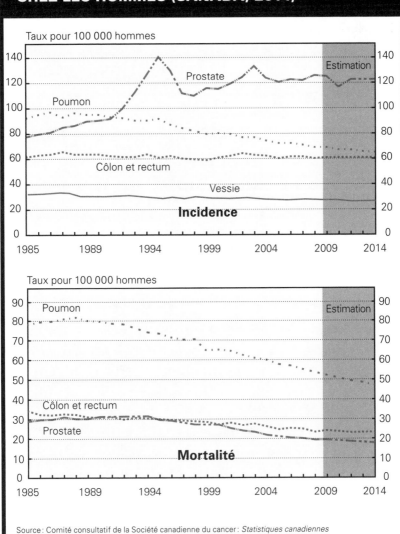

TAUX D'INCIDENCE ET DE MORTALITÉ NORMALISÉS SELON L'ÂGE POUR LES CANCERS LES PLUS COURANTS CHEZ LES HOMMES (CANADA, 2014)

Source : Comité consultatif de la Société canadienne du cancer : *Statistiques canadiennes sur le cancer 2014*. Toronto (Ontario) : Société canadienne du cancer, 2014

NOMBRE ESTIMATIF DE NOUVEAUX CAS ET DE DÉCÈS LES HOMMES SELON LA PROVINCE (CANADA, 2014)

Nouveaux cas

	Canada*	C.-B.	Alb.	Sask.
Tous les cancers	**97 700**	**12 900**	**8 800**	**2 700**
Prostate	23 600	3 600	2 200	670
Colorectal	13 500	1 650	1 200	420
Poumon	13 400	1 500	1 050	360
Vessie	6 000	860	590	190
Lymphome non hodgkinien	4 400	620	430	130
Rein	3 800	340	350	120
Mélanome	3 500	530	310	75
Leucémie	3 400	470	340	110
Bouche	2 900	370	250	65
Pancréas	2 400	320	210	70
Estomac	2 100	270	190	65
Encéphale/Système nerveux central	1 700	190	150	45
Œsophage	1 600	200	180	40
Foie	1 600	240	140	25
Myélome multiple	1 450	180	130	40
Thyroïd	1 350	110	120	20
Testicule	1,000	140	110	30

Décès

	Canada*	C.-B.	Alb.	Sask.
Tous les cancers	**40 000**	**5 300**	**3 500**	**1 200**
Poumon	10 800	1 250	820	300
Colorectal	5 100	670	410	150
Prostate	4 000	580	370	150
Pancréas	2 200	320	190	65
Vessie	1 550	260	130	50
Œsophage	1 550	250	160	45
Leucémie	1 550	190	140	50
Lymphome non hodgkinien	1 450	200	130	55
Estomac	1 300	130	110	30
Encéphale/Système nerveux central	1 150	150	110	30
Rein	1 100	140	95	35
Foie	820	150	70	5
Bouche	780	110	75	20
Myélome multiple	750	90	65	25
Mélanome	660	85	55	15

* Les nombres ayant été arrondis, leur somme pourrait ne pas correspondre aux totaux indiqués. Les totaux canadiens tiennent compte des estimations provinciales et territoriales. Les données des territoires canadiens ne sont pas présentées séparément en raison du faible nombre de décès.
—: Moins de trois décès

ATTRIBUABLES À CERTAINS CANCERS CHEZ

Man.	Ont.	Qc.	N.-B.	N.-É.	Î.-P.-É.	T.-N.-L.
3 300	**37 200**	**24 400**	**2 700**	**3 200**	**500**	**1 850**
730	9 600	4 600	760	710	140	510
520	4 900	3 600	360	490	60	320
430	4 500	4 300	420	470	75	270
220	1 600	1 950	180	220	30	100
150	1 700	980	100	130	15	80
150	1 450	980	130	150	20	90
100	1 700	500	90	150	25	50
130	1 400	710	80	75	15	35
110	1 150	680	65	90	15	45
80	870	640	60	65	10	30
85	760	530	55	60	10	55
45	710	430	35	45	5	25
45	660	340	45	55	10	20
35	670	400	20	35	5	15
45	580	360	35	45	5	20
30	640	350	35	30	5	15
35	390	230	20	25	5	10

Man.	Ont.	Qc.	N.-B.	N.-É.	Î.-P.-É.	T.-N.-L.
1 400	**14 500**	**10 400**	**1 000**	**1 450**	**180**	**850**
360	3 600	3 400	330	370	60	240
180	1 900	1 300	110	200	25	140
180	1 500	880	100	130	25	65
75	820	550	65	75	10	35
55	560	370	35	55	10	25
60	590	300	45	55	10	25
60	620	360	35	55	10	20
50	550	340	45	55	5	20
50	470	350	35	45	5	45
35	440	310	30	40	5	20
50	400	270	35	50	5	25
20	340	200	10	15	—	10
30	300	170	20	25	5	15
30	290	190	15	30	5	10
15	300	130	15	25	5	15

Source : Comité consultatif de la Société canadienne du cancer : *Statistiques canadiennes sur le cancer 2014*. Toronto (Ontario) : Société canadienne du cancer, 2014.

RÉPARTITION EN POURCENTAGE DU NOMBRE ESTIMATIF DE NOUVEAUX CAS DE CANCER ET DE DÉCÈS, SELON LE SEXE (CANADA, 2014)

Nouveaux cas

Hommes 97 700		Femmes 93 600	
Prostate	24,1 %	Sein	26,1 %
Colorectal	13,9 %	Poumon	13,3 %
Poumon	13,7 %	Colorectal	11,6 %
Vessie	6,1 %	Corps de l'utérus	6,4 %
Lymphome non hodgkinien	4,5 %	Thyroïd	4,9 %
Rein	3,9 %	Lymphome non hodgkinien	3,9 %
Mélanome	3,6 %	Mélanome	3,2 %
Leucémie	3,4 %	Ovaire	2,9 %
Bouche	2,9 %	Leucémie	2,7 %
Pancréas	2,4 %	Pancréas	2,5 %
Estomac	2,1 %	Rein	2,4 %
Encéphale/Système nerveux central	1,7 %	Vessie	2,1 %
Foie	1,6 %	Col de l'utérus	1,6 %
Œsophage	1,6 %	Bouche	1,5 %
Myélome multiple	1,5 %	Encéphale/Système nerveux central	1,3 %
Thyroïd	1,4 %	Estomac	1,3 %
Testicule	1,0 %	Myélome multiple	1,2 %
Larynx	0,9 %	Foie	0,6 %
Lymphome de Hodgkin	0,6 %	Œsophage	0,5 %
Sein	0,2 %	Lymphome de Hodgkin	0,5 %
Tous les autres cancers	8,8 %	Larynx	0,2 %
		Tous les autres cancers	9,1 %

Décès

Hommes 40 000		Femmes 36 600	
Poumon	27,0 %	Poumon	26,5 %
Colorectal	12,8 %	Sein	13,8 %
Prostate	10,0 %	Colorectal	11,5 %
Pancréas	5,5 %	Pancréas	6,0 %
Vessie	3,9 %	Ovaire	4,7 %
Œsophage	3,9 %	Lymphome non hodgkinien	3,3 %
Leucémie	3,8 %	Leucémie	3,1 %
Lymphome non hodgkinien	3,6 %	Corps de l'utérus	2,5 %
Estomac	3,2 %	Encéphale/Système nerveux central	2,2 %
Encéphale/Système nerveux central	2,9 %	Estomac	2,2 %
Rein	2,8 %	Rein	1,8 %
Foie	2,0 %	Vessie	1,8 %
Bouche	2,0 %	Myélome multiple	1,7 %
Myélome multiple	1,9 %	Œsophage	1,2 %
Mélanome	1,6 %	Mélanome	1,1 %
Larynx	0,8 %	Bouche	1,0 %
Sein	0,2 %	Col de l'utérus	1,0 %
Tous les autres cancers	12,2 %	Foie	0,7 %
		Larynx	0,2 %
		Tous les autres cancers	13,7 %

Source : Comité consultatif de la Société canadienne du cancer : *Statistiques canadiennes sur le cancer 2014*. Toronto (Ontario) : Société canadienne du cancer, 2014.

CHAPITRE 2
LES FACTEURS
DE RISQUE

Les connaissances actuelles sur le cancer de la prostate sont encore incomplètes, en particulier en ce qui concerne ses facteurs de risque. Un grand nombre d'études sont en cours dans le monde et nous en saurons sûrement davantage dans les prochaines années. En attendant, voici l'état actuel des connaissances médicales, lesquelles sont donc appelées à évoluer rapidement. Il faut noter que le cancer de la prostate n'est pas attribuable à une cause unique et peut parfois toucher des hommes ne présentant aucun de ces facteurs de risque.

L'ÂGE

Le cancer de la prostate est associé au vieillissement. En général, il affecte les hommes de plus de 50 ans et sa prévalence (le nombre de cas) augmente avec l'âge. Il est extrêmement rare qu'il survienne avant l'âge de 40 ans (moins de 1 % des cas); lorsque cela arrive, c'est habituellement en raison de facteurs génétiques.

LES ANTÉCÉDENTS FAMILIAUX

Les hommes qui ont des cas de cancer de la prostate dans leur famille y sont plus exposés que les autres et, en général, le cancer risque de se déclarer un peu plus tôt chez eux.

Les hommes dont le père ou le frère ont eu un cancer de la prostate sont deux fois plus susceptibles d'en souffrir à leur tour. Lorsque deux parents ou plus ont été atteints de cette maladie (le père et un oncle, les deux grands-pères, trois cousins, etc.), le risque est encore plus grand. Et cela est vrai qu'il s'agisse de parents de la famille maternelle ou paternelle.

Les risques augmentent encore si les cancers de la prostate des autres hommes de la famille ont été diagnostiqués avant qu'ils aient atteint l'âge de 50 ans. Cela dit, ces cancers dits « familiaux » ou héréditaires ne semblent pas avoir un pronostic (évaluation du

Y A-T-IL UN LIEN ENTRE LES CANCERS DE LA PROSTATE, DU SEIN ET DES OVAIRES ?

Des études indiquent que les risques de développer un cancer de la prostate semblent plus élevés chez les hommes dont la famille compte aussi des cas de cancer du sein ou des ovaires. Cependant, cette découverte est encore récente et d'autres recherches viendront confirmer ou infirmer l'hypothèse.

médecin quant à la durée, au déroulement et à l'issue d'une maladie) plus sombre que les cancers non familiaux (ou sporadiques). Ils
ne sont donc pas « pires » que les autres cancers de la prostate.

Par ailleurs, si on est atteint d'un cancer familial, il ne faut pas
partir du principe que le pronostic sera le même que celui du père
ou du grand-père. Chaque cancer est différent et son évolution
l'est également. Le pronostic dépend en effet beaucoup plus du
stade du développement de la maladie.

On a établi que cette prédisposition familiale – donc héréditaire – ne serait en cause que dans environ 15 % des cas de cancer de la prostate. À la fois la génétique et l'environnement jouent
un rôle dans le développement du cancer de la prostate.

LA GÉNÉTIQUE

Même si 85 % des cancers de la prostate ne sont pas héréditaires, il est néanmoins probable que des gènes soient associés à
leur développement. Les chercheurs ignorent encore beaucoup
de choses à propos de ces gènes, mais ils savent qu'ils affectent
la façon dont le cancer s'installe et progresse. On espère qu'on
pourra un jour établir le profil génétique des personnes atteintes
afin de mieux cibler les efforts de dépistage.

LES RACES, LES POPULATIONS ET LE MILIEU DE VIE

Par ailleurs, les risques de cancer de la prostate semblent varier
selon les populations. Ce type de cancer est surtout diagnostiqué
chez les hommes qui vivent en Occident, par exemple au Canada,
aux États-Unis, dans le nord de l'Europe ainsi qu'en Australie.
Sans qu'on sache exactement pourquoi, les hommes d'origine
afro-américaine présentent le taux le plus élevé au monde et un
certain nombre d'entre eux développent la maladie avant l'âge de
50 ans.

Par contre, ce cancer affecte beaucoup moins les hommes
ailleurs dans le monde; c'est le cas de l'Asie (Japon, Chine et

Thaïlande), de plusieurs pays d'Afrique du Nord et du Moyen-Orient. Ainsi, un Japonais est 10 fois moins susceptible d'avoir un cancer de la prostate qu'un Nord-Américain. Et un Chinois vivant dans son pays court un risque jusqu'à 100 fois moins élevé qu'un Afro-Américain.

Faut-il en conclure que le cancer de la prostate est associé à la constitution génétique spécifique de chaque race ? Pas tout à fait. En effet, le milieu et les habitudes de vie semblent être des facteurs plus importants. Les scientifiques ont remarqué que les Japonais établis en Amérique du Nord depuis au moins une génération courent les mêmes risques que les Nord-Américains de souche. On se demande si les hommes qui vivent dans des pays industrialisés « riches » ne développeraient pas des habitudes de vie moins bonnes pour la santé, notamment au chapitre de l'alimentation. De fait, l'alimentation est l'un des facteurs de risque auquel on songe le plus dans le cancer de la prostate.

L'ALIMENTATION

La consommation de graisses animales et de viande rouge

Même si le corps a besoin de graisses alimentaires pour bien fonctionner, il existe un lien établi entre la consommation de matières grasses et le risque de cancer de la prostate. En effet, plusieurs études statistiques mettent en évidence une importante corrélation entre l'ingestion de graisses animales et les taux de croissance du cancer de la prostate et de la mortalité des suites de cette maladie. Par ailleurs, d'autres études montrent qu'une ingestion importante de viande rouge augmente, elle aussi, les risques de développer un cancer de la prostate.

On comprend mal par quels mécanismes les graisses alimentaires peuvent influer sur le cancer de la prostate. Les hypothèses incluent l'influence des graisses sur les hormones, la production de radicaux libres (*voir l'encadré « Que sont les radicaux libres ? »*), la faible quantité d'ingrédients anticancérigènes dans une alimentation riche en graisses animales et l'influence cancérigène qui pourrait être associée à la cuisson à haute température de la viande.

Il est clair cependant qu'il existe une corrélation entre l'incidence du cancer de la prostate et la mortalité qui y est associée, et l'ingestion de gras alimentaire, tout particulièrement les gras polyinsaturés. De plus, on a démontré en laboratoire qu'une alimentation faible en graisses animales peut réduire la croissance des cellules cancéreuses et, inversement, qu'un taux élevé de graisses alimentaires peut stimuler la croissance des cellules cancéreuses de la prostate.

QUE SONT LES RADICAUX LIBRES ?

Le corps humain a besoin d'oxygène pour vivre. Nos cellules produisent de l'énergie à partir de l'oxygène et des aliments que nous consommons, mais elles laissent derrière elles des polluants qu'on appelle les radicaux libres. Un peu comme une automobile consomme du carburant et génère de la pollution. Et, comme la pollution, les radicaux libres sont toxiques.

Pour se défendre, l'organisme possède des agents qui neutralisent efficacement les radicaux libres. Ce sont les antioxydants (*voir chapitre 7*).

Cela dit, l'excès de radicaux libres s'attaque aux tissus et aux cellules de l'organisme, accélérant ainsi leur vieillissement ou même leur destruction. D'après les recherches scientifiques, les radicaux libres seraient impliqués dans l'apparition de nombreuses maladies telles que le cancer (dont celui de la prostate).

On pense qu'une alimentation riche en graisses animales pourrait causer une surproduction de radicaux libres dans l'organisme.

Le surplus de calcium et la déficience en vitamine D

La vitamine D facilite l'absorption du calcium par l'organisme, ce qui est essentiel au développement normal et à l'entretien des os et des dents. L'organisme doit maintenir un taux de calcium adéquat pour la formation et la conservation d'os forts, particulièrement chez les enfants et les personnes âgées.

La vitamine D a une double origine : alimentaire (elle nous vient notamment des œufs, du beurre, du foie et des poissons gras) et elle est aussi synthétisée par l'organisme au niveau de la peau sous l'action des rayons solaires ou ultraviolets. En effet, les rayons du soleil stimulent l'organisme à produire de la vitamine D (la vitamine D est l'une des rares à être produite par l'organisme ; les autres proviennent de l'alimentation).

On a de plus en plus de preuves qu'une déficience en vitamine D peut jouer un rôle dans le développement du cancer de la prostate. Certaines données permettent de penser qu'il existe un lien entre une déficience en vitamine D et le risque accru d'un cancer de la prostate, ainsi :

- les Japonais ont un des taux les plus faibles de cancer de la prostate et leur alimentation est riche en vitamine D (du fait de leur consommation de poissons).
- l'ingestion de produits laitiers riches en calcium a été associée à un risque accru de cancer de la prostate et l'ingestion de calcium fait baisser le taux de vitamine D dans le sang.
- en vieillissant, l'organisme est moins en mesure de fabriquer de la vitamine D. Cela pourrait expliquer en partie pourquoi le cancer de la prostate se développe chez les hommes plus âgés.
- les Américains de race noire ont le taux de cancer de la prostate le plus élevé au monde. Il est possible que la mélatonine de la peau noire interfère avec la synthèse de la vitamine D.
- les hommes qui vivent dans les pays plus froids, où il y a moins d'heures d'ensoleillement, sont davantage sujets au cancer de la prostate.

LES SUPPLÉMENTS DE VITAMINE D

Recommandations de la Société canadienne du cancer
En 2007, la Société canadienne du cancer recommandait d'augmenter l'apport en vitamine D pour réduire les risques de développer un cancer.

Du fait de la latitude nordique du Canada et de la faiblesse des rayons du soleil en automne et en hiver, il est recommandé aux Canadiens adultes d'envisager de prendre un supplément de vitamine D. Demandez à votre médecin si vous devriez prendre 1 000 unités internationales (UI) par jour durant les mois d'automne et d'hiver.

Il est important de bien comprendre que les suppléments de vitamine D doivent être utilisés avec prudence et qu'il est recommandé de suivre les lignes directrices de Santé Canada.

Qui est particulièrement à risque?
Vous n'obtenez probablement pas suffisamment de vitamine D si :

- vous avez plus de 50 ans ;
- vous avez la peau foncée ;
- vous ne sortez pas souvent à l'extérieur ;
- vous portez des vêtements recouvrant la majeure partie du corps.

Si vous appartenez à un de ces groupes, demandez à votre médecin si vous devriez prendre un supplément de 1 000 UI par jour de vitamine D, et ce, durant toute l'année.

LES INFLAMMATIONS ET INFECTIONS CHRONIQUES

Les inflammations et les infections chroniques jouent un rôle dans de nombreux cancers et de plus en plus de données permettent de penser qu'un processus similaire est peut-être impliqué dans le cancer de la prostate. Des études ont montré que le risque de cancer de la prostate est plus élevé chez les hommes qui ont des antécédents d'infections transmissibles sexuellement et chez ceux qui ont des antécédents de prostatite.

Les inflammations et les infections chroniques provoquent des lésions et des guérisons à répétition des tissus prostatiques. Or, on pense qu'au cours du processus de guérison l'organisme pourrait libérer des « radicaux libres », lesquels sont susceptibles d'accroître le développement du cancer. La susceptibilité génétique chronique à l'inflammation et aux lésions tissulaires peut aussi jouer un rôle.

Diverses études ont conclu que les antioxydants (des substances qui combattent les radicaux libres) peuvent protéger contre le cancer de la prostate (*voir chapitre 7*).

LES HORMONES MÂLES

Les hormones mâles (qu'on appelle aussi « androgènes ») influent tout au long de la vie sur le développement et le maintien de la prostate, et elles jouent un rôle majeur dans la santé de la prostate. Et comme nous l'avons vu au chapitre 1, la testostérone influe sur la croissance de la prostate à la puberté.

Par ailleurs, une prostate qui n'est pas exposée à des hormones mâles ne développe pas de cancer. Des études ont également établi que le blocage de la testostérone fait régresser un cancer de la prostate. Il est donc évident que les hormones mâles sont impliquées dans le cancer de la prostate. Malheureusement, aucun lien clair n'a été établi entre le taux sanguin d'hormones mâles et le cancer de la prostate.

Il y a quelques années, on pensait qu'un taux sanguin élevé de testostérone pouvait être un important facteur du développement de ce cancer. Des études ont d'ailleurs montré que les Afro-Américains de sexe masculin, qui ont le taux de cancer de la prostate le plus élevé au monde, ont 15 % plus de testostérone que les hommes de race blanche. Bien que cela soit vrai, d'autres études ont montré que les hommes présentant un taux sanguin d'androgènes élevé peuvent être à moindre risque de cancer agressif de la prostate.

Il s'agit là d'un domaine de recherche très actif actuellement. Malheureusement, les études évaluent les hormones qui se trouvent dans le sang, alors que ce qui intéresse vraiment les chercheurs, ce sont les taux de testostérone et autres hormones mâles présents dans la prostate elle-même. Cependant, comme les hormones de la prostate sont difficiles à prélever (la prostate est une glande difficile à atteindre), ils se basent sur les hormones sanguines en espérant que leur taux reflète ce qui se passe dans les tissus prostatiques. Le rôle de la testostérone et des autres hormones mâles devrait être clarifié dans les prochaines années.

UN PRIX NOBEL POUR LES HORMONES MÂLES

Le Dr Charles Brenton Huggins, un chirurgien américain né au Canada, soutenait dès le début des années 1940 que les hormones mâles étaient responsables – du moins en partie – du développement du cancer de la prostate. Il proposait l'ablation des testicules pour arrêter la production de testostérone et pour stopper la progression de la maladie. Ses recherches sur les chiens sont venues appuyer cette hypothèse et les chercheurs ont dès lors compris tout le potentiel de cette découverte. À tel point que le Dr Huggins a obtenu le prix Nobel de médecine en 1966.

Grâce aux progrès de la médecine, il existe de nos jours d'autres méthodes que l'ablation des testicules pour faire cesser la production de testostérone (*voir chapitre 5*).

CE QU'IL FAUT RETENIR

- Il n'y a pas de cause unique du cancer de la prostate.
- La génétique et l'environnement jouent un rôle dans le développement du cancer de la prostate.
- La plupart des cancers résultent de multiples facteurs de risque.
- Des hommes qui ne présentent aucun facteur de risque peuvent développer un cancer de la prostate.
- Le tableau ci-dessous résume les facteurs de risque associés et non associés au cancer de la prostate.

Facteurs de risque établis	Facteurs de risque possibles	Facteurs de risque à l'étude	Facteurs de risque non associés
Âge Antécédents familiaux Génétique Race, population et milieu de vie	Graisses animales et viande rouge Surplus de calcium et déficience en vitamine D Inflammations et infections chroniques Hormones mâles	Infections transmissibles sexuellement Obésité Manque d'activité physique Vasectomie	Hypertrophie bénigne de la prostate Fréquence de l'activité sexuelle Alcool

- Les lecteurs sont invités à consulter l'excellente *Encyclopédie canadienne du cancer* (*voir www.cancer.ca*) pour les informations les plus récentes sur les risques de cancer.

CHAPITRE 3
LE DIAGNOSTIC

Comme le cancer de la prostate se développe « en silence » dans la majorité des cas, un homme peut vivre avec cette maladie sans se douter de rien, jusqu'à ce qu'elle soit décelée par hasard (on ne parle pas ici des cancers latents qu'on ne détectera jamais, mais de ceux qui sont cliniquement significatifs et que l'on finit par diagnostiquer).

C'est un fait, 80 % des cancers de la prostate sont découverts de façon fortuite au cours d'un examen de routine. Ils n'ont alors pas commencé à provoquer de symptômes et les hommes se sentent tout à fait bien. Parfois, la maladie en est à ses débuts, parfois elle est assez avancée. En effet, il arrive qu'un cancer ait atteint les ganglions pelviens et même les os sans avoir causé un seul symptôme. Cela se produit lorsque la tumeur dans la prostate est restée assez petite et qu'elle s'est étendue ailleurs sans que les métastases deviennent assez grosses pour causer des problèmes de santé perceptibles.

Si les médecins sont aujourd'hui capables de détecter un cancer de la prostate avant même qu'on se doute de sa présence, c'est en grande partie grâce au test de l'antigène prostatique spécifique (APS), utilisé en tant que test de dépistage depuis environ

25 ans (nous aborderons ce sujet un peu plus loin dans ce cha-pitre). Grâce à ce test, la maladie peut être traitée plus tôt et les patients ont de meilleures chances de guérir.

Dans l'évaluation de son patient, le médecin doit tenir compte de son âge et de son espérance de vie en se basant sur ses anté-cédents familiaux et personnels. Tous ces éléments entrent en ligne de compte dans l'investigation et le traitement du cancer de la prostate.

LES SYMPTÔMES DU CANCER DE LA PROSTATE

À ses débuts, la maladie est en général asymptomatique (sans symptômes). Il arrive parfois que la tumeur grossisse dans la prostate et comprime l'urètre, ce qui nuit à la miction. Le cancer peut alors provoquer des symptômes au niveau de l'appareil uri-naire (« prostatisme ») :

- difficulté à déclencher la miction (à commencer à uriner) ;
- difficulté à cesser la miction (goutte à goutte en fin de miction) ;
- diminution de la force du jet urinaire (jet faible, intermittent) ;
- sensation de mal vider la vessie ;
- urgent besoin d'uriner ;
- mictions fréquentes le jour et la nuit.

La tumeur ne cause pas de douleur à la prostate proprement dite. Elle peut uniquement causer des symptômes urinaires.

Il ne faut pas perdre de vue que tous ces symptômes sont généralement causés par un grossissement bénin de la prostate qui survient avec l'âge (c'est l'hypertrophie bénigne de la pros-tate) et non par un cancer de la prostate. Ils peuvent également être causés par d'autres problèmes liés à l'appareil urinaire. Il est important de consulter un médecin pour en avoir le cœur net.

Le cancer qui a pris naissance dans la prostate gagne ensuite les ganglions pelviens (ce ne sont pas les mêmes ganglions que ceux de l'aine, qui sont perceptibles : les ganglions pelviens se trouvent en profondeur dans le ventre, près de la prostate ; on ne les voit pas et on ne les sent pas). C'est ce qu'on appelle des métastases ganglionnaires. Ces métastases ganglionnaires ne causent pas de douleur, mais peuvent, à l'occasion, causer un œdème (enflure) des pieds et des chevilles. Pourquoi ? Parce qu'elles bloquent la circulation du système lymphatique, ce réseau qui longe les artères et les veines, et qui transporte la lymphe, le liquide qui aide à combattre les infections.

Au stade encore plus avancé de la maladie, les cellules cancéreuses ont généralement migré vers les os, en particulier ceux du bassin et de la colonne vertébrale (ce sont les métastases osseuses). Si les métastases sont assez grosses, les symptômes suivants peuvent alors apparaître :

- douleur au bas du dos ou dans les hanches ;
- engourdissement ou paralysie des membres inférieurs (au niveau de la colonne vertébrale, les métastases peuvent comprimer la moelle épinière) ;
- œdème (enflure) des pieds et des chevilles (les métastases ganglionnaires peuvent causer un mauvais drainage lymphatique des membres inférieurs) ;
- perte de poids et atteinte de l'état général (on ne se sent pas bien) ;
- fatigue constante et pâleur (les métastases osseuses peuvent causer une anémie).

À la fin, le cancer s'est généralisé et les métastases ont essaimé dans plusieurs organes. Mais, de nos jours, les tests diagnostiques du cancer de la prostate permettent habituellement de déceler la maladie avant que le patient n'en soit à un stade avancé.

LES RECOMMANDATIONS CONCERNANT LE DÉPISTAGE DU CANCER DE LA PROSTATE

La Société canadienne du cancer considère que tout homme âgé de plus de 50 ans devrait parler avec son médecin des avantages et des inconvénients du dépistage à l'aide du test de l'APS et du toucher rectal. Les hommes faisant partie des groupes à risque élevé (entre autres, les Canadiens d'ascendance africaine et ceux qui viennent d'une famille où l'on trouve plusieurs cas de cancer de la prostate) peuvent discuter avec leur médecin de la possibilité de se soumettre à ces tests avant l'âge de 50 ans.

Le Réseau de Cancer de la Prostate Canada (RCPC) recommande aux hommes de plus de 45 ans d'insister auprès de leur médecin pour qu'il vérifie d'éventuels signes de cancer de la prostate lors de leur examen de santé annuel. De plus, les hommes qui sont particulièrement à risque – ceux d'origine africaine ou qui ont eu des cas de cancer de la prostate dans leur famille, par exemple – devraient commencer les tests de dépistage annuels à l'âge de 40 ans.

L'Association canadienne d'urologie estime que le toucher rectal et les dosages de l'APS favorisent une détection plus précoce des cancers de la prostate présentant un intérêt clinique. On devrait sensibiliser les hommes aux avantages et aux risques potentiels du dépistage afin qu'ils puissent décider de façon éclairée de l'utilité de subir ce test. Le dépistage du cancer de la prostate devrait être proposé à partir de 50 ans à tous les hommes ayant une espérance de vie d'au moins 10 ans.

Tout homme préoccupé par le dépistage du cancer de la prostate devrait aborder la question avec son médecin.

LES SIGNES DU CANCER DE LA PROSTATE ET L'EXAMEN PHYSIQUE

Les signes ne sont pas les symptômes que ressent le patient, mais les faits objectifs que constate le médecin.

Le médecin commence par faire un examen complet de son patient : tension artérielle, cœur, poumons, poids, état général. Il procède ensuite au toucher rectal. Le toucher rectal est la méthode la plus employée et la moins onéreuse pour dépister le cancer de la prostate. Cet examen est plutôt désagréable, mais il n'est pas douloureux. Le médecin introduit un doigt ganté dans le rectum du patient afin de palper sa prostate. La plupart des cancers se développant en périphérie de la prostate, près du rectum, il est assez facile de détecter une anomalie.

À l'état normal, la prostate est lisse et caoutchouteuse. Le médecin recherchera donc une bosse ou une induration (un durcissement). Il est important de souligner que les bosses et les indurations ne sont pas toutes cancéreuses : seulement une sur trois l'est. L'hypertrophie bénigne de la prostate, une calcification (une « pierre ») dans la prostate, de même qu'une inflammation peuvent également causer ces phénomènes. Chez certains patients atteints du cancer de la prostate, le durcissement est très étendu et la bosse peut même déborder de la prostate pour toucher les tissus voisins. Ces données sont de première importance pour aider à identifier le stade de la maladie et donc le traitement approprié.

La taille de la prostate n'est pas un élément dont on tient compte, car le volume de la glande augmente souvent avec l'âge.

Le toucher rectal a ses limites. En effet, il ne permet pas d'examiner la prostate en entier. En outre, la majorité des cancers diagnostiqués au Canada le sont en dépit d'un examen physique et d'un toucher rectal normaux. C'est toutefois un examen de base nécessaire parce qu'il importe toujours de connaître l'état de la prostate. D'autant plus qu'il permet de temps en temps de détecter des cancers présents malgré un dosage de l'APS normal.

L'ANTIGÈNE PROSTATIQUE SPÉCIFIQUE (APS) ET LE TEST DE L'APS

Pour compléter l'évaluation de la prostate après le toucher rectal, le médecin prescrira une prise de sang pour mesurer le taux d'antigène prostatique spécifique (APS) afin d'exclure une possibilité de cancer. L'APS est une glycoprotéine (une protéine mélangée avec une molécule de sucre) produite par les cellules normales de la prostate. On pense qu'elle a pour fonction de liquéfier les substances qui composent le sperme et que cette liquéfaction joue un rôle dans la fertilité. Une partie de l'APS se retrouve aussi dans la circulation sanguine.

Le taux d'antigène varie en fonction de l'âge et de la race, et il a naturellement tendance à s'élever chez les hommes de plus de 40 ans à cause de l'augmentation du volume de la prostate. Plus il y a de cellules dans la prostate, plus elles produisent d'APS, même en l'absence d'un cancer. En présence d'un cancer, le taux d'APS augmente encore plus.

D'habitude, chez un homme de race blanche dans la soixantaine, la concentration de l'APS est considérée comme normale lorsqu'elle se situe entre 0 et 4,0 nanogrammes par millilitre, ce qu'on abrège en ng/mL. Au-delà de 4,0 ng/mL, on peut soupçonner qu'il y a un problème. Si l'APS se situe entre 4,0 et 10,0 ng/mL et que la prostate semble normale, la probabilité d'un cancer de la prostate est d'environ 30 %. Avec un taux d'APS supérieur à 10,0 ng/mL, le risque est de 50 %. Quand le taux d'APS dépasse 10,0 ng/mL et qu'on sent une bosse sur la prostate, la probabilité d'un cancer passe à 80 %.

Le cancer de la prostate fait souvent augmenter le taux d'APS. Tandis que les cellules normales ne laissent passer qu'une petite quantité d'APS dans le sang (le reste demeure dans la prostate), les cellules cancéreuses, du fait de leur dérèglement, en laissent passer une plus grande quantité.

C'est pourquoi on procède à une prise de sang pour connaître le taux sanguin d'APS. La plupart des patients dont le cancer de la prostate atteint un centimètre cube (la taille d'un morceau de sucre) ont un niveau anormal d'APS.

Il ne faut jamais perdre de vue que l'APS est spécifique à la prostate, mais pas au cancer de la prostate ; son taux peut augmenter en l'absence d'un cancer, pour diverses raisons : l'âge, la race, une hypertrophie bénigne ou une inflammation de la prostate, ou encore une infection urinaire. La plupart du temps, le taux redevient normal quand on peut traiter le problème. La manipulation prostatique par un urologue – lors d'une biopsie de la prostate, par exemple – peut, elle aussi, causer une augmentation momentanée de l'APS. C'est ce qu'on appelle un faux positif. Il ne faut donc pas tirer de conclusions trop hâtives. Par contre, il est plutôt rare que le toucher rectal provoque cette élévation.

Par ailleurs, le test de l'APS peut s'avérer normal chez des patients qui ont un cancer de la prostate. De fait, selon une étude publiée en 2004 dans le *New England Journal of Medicine*, ce taux reste dans les limites normales chez 15 % des hommes atteints de la maladie. C'est ce qu'on appelle un faux négatif.

Si le test de l'APS est le meilleur test de dépistage dont nous disposons – il aide à détecter les anomalies plus tôt, il est simple, rapide et plus précis que d'autres tests disponibles pour d'autres types de cancer –, il n'en reste pas moins qu'il est imparfait. En raison de ses limites, les chercheurs ont mis au point quatre façons d'évaluer le taux d'APS dans le sang afin d'améliorer la précision du test et de réduire le nombre de faux positifs et de faux négatifs.

- **La densité de l'APS**. On procède à une échographie transrectale pour mesurer la dimension de la prostate. On évalue la quantité d'APS qu'on devrait y trouver (le taux varie selon la grosseur de la glande) et on fait une prise de sang pour vérifier ce qu'il en est. La probabilité qu'il y ait un cancer de la prostate augmente lorsque la densité de l'APS est plus élevée que prévu.
- **L'APS libre par rapport à l'APS total**. Une variante au test de l'APS consiste à ne mesurer que l'APS « libre » (c'est-à-dire l'APS qui circule librement dans le sang sans être lié à aucune autre protéine). Un test de l'APS total mesure les deux types. On pense qu'une analyse sanguine

plus spécifique pourrait aider à éviter les faux positifs résultant parfois de l'analyse de l'APS total. Par exemple, on a observé que le taux d'APS libre est plus élevé chez les hommes présentant une hyperplasie de la prostate et moins élevé chez ceux qui sont atteints du cancer de la prostate. Dans ces cas, le test de l'APS libre peut donc éliminer la nécessité de faire d'autres tests. On s'est aperçu que les hommes qui souffrent d'une hypertrophie bénigne de la prostate, par exemple, présentent un taux d'APS libre élevé, alors que, chez ceux qui sont atteints du cancer de la prostate, le taux d'APS libre est plutôt bas. Ce test peut donc parfois éviter de subir des examens supplémentaires non nécessaires.

- **La vélocité de l'APS.** La vélocité indique à quelle vitesse augmente la concentration de l'APS. En fait, il s'agit de déterminer le taux sanguin d'APS sur plusieurs mois ou

LES TAUX MAXIMUMS D'APS JUGÉS NORMAUX EN FONCTION DE L'ÂGE ET DE LA RACE
(taux en nanogrammes par millilitre [ng/mL])

Âge (ans)	Blancs	Noirs	Asiatiques
40-49	2,5	2,0	2,0
50-59	3,5	4,0	3,0
60-69	4,5	4,5	4,0
70-80	6,5	5,5	5,0

Ces valeurs sont approximatives et il faut s'en souvenir lorsqu'on a à les interpréter. Il faut toujours discuter de son propre résultat avec son médecin et éviter de tirer des conclusions trop hâtives.

Source : Walsh, P. et coll. *Campbell-Walsh Urology*, 9th edition, W.B Saunders Company, 2007.

années, car une augmentation inattendue est quelquefois la seule manifestation d'un cancer de la prostate. Par exemple, un taux d'APS qui passe subitement de 1,0 à 3,0 peut être considéré comme suspect. Par contre, un taux d'APS de 3,0 qui ne bouge pas sera considéré comme normal. Il y a donc des avantages à suivre régulièrement le taux d'APS et c'est pourquoi un nombre croissant d'hommes demandent à être soumis à ce test.

- **Les taux maximums d'APS jugés normaux en fonction de l'âge.** Le taux d'APS varie en fonction de l'âge et a tendance à augmenter chez les hommes au fur et à mesure qu'ils vieillissent. De plus en plus, les urologues utilisent des normes qui tiennent compte de l'âge du patient dans l'interprétation de l'APS. En effet, il semble que l'utilisation d'une valeur normale d'APS inférieure à 4,0 ng/mL serait indiquée chez les hommes plus jeunes pour mieux détecter la présence de cancers significatifs.

LE TEST PCA3 POUR DÉTECTER LE CANCER DE LA PROSTATE

Le test PCA3 est un test génétique réalisé sur un échantillon d'urine. Le PCA3 est spécifique au cancer de la prostate et, contrairement à l'APS, il n'est pas affecté par l'hypertrophie de la prostate ni par d'autres maladies non cancéreuses de cette glande. Bien que le PCA3 ne remplace pas une biopsie de la prostate, il peut être utile dans certains cas. Par exemple, il pourra s'avérer utile chez des hommes présentant :

- un taux d'APS élevé ou d'autres aspects cliniques douteux (p. ex., un toucher rectal douteux) pour lesquels une biopsie doit être envisagée.
- une biopsie négative, mais lorsqu'un doute persiste quant à la présence d'un cancer de la prostate.

- des antécédents familiaux de cancer de la prostate.
- une biopsie positive (c.-à.-d. que des cellules cancéreuses ont été découvertes à la biopsie) et qui veulent connaître le degré d'agressivité du cancer.
- un cancer de stade précoce soumis à une surveillance active et qui veulent savoir si le cancer progresse.

L'ÉCHOGRAPHIE TRANSRECTALE ET LA BIOPSIE DE LA PROSTATE

Même s'ils sont très utiles, le toucher rectal et les différents dosages de l'APS ne suffisent pas pour diagnostiquer un cancer de la prostate. En présence de résultats anormaux ou en cas de doute, le médecin peut prescrire une échographie transrectale accompagnée d'une biopsie. Ces examens permettent habituellement de poser un diagnostic précis.

L'échographie transrectale

L'échographie transrectale est un examen au cours duquel on insère dans le rectum un instrument muni d'une aiguille de biopsie qui produit des ondes sonores dirigées vers la prostate. Une image de la glande est élaborée à partir de ces ondes sonores (*Figure* ❶). L'investigation, qui dure quelques minutes et qui n'exige pas de préparation particulière, n'est pas douloureuse ; elle est surtout désagréable (la sensation est similaire à celle d'un toucher rectal). Cet examen n'est pas assez précis pour confirmer la présence d'une tumeur. Il permet tout au plus de mesurer le volume de la prostate et aide à déceler des zones anormales qui doivent faire l'objet d'une biopsie.

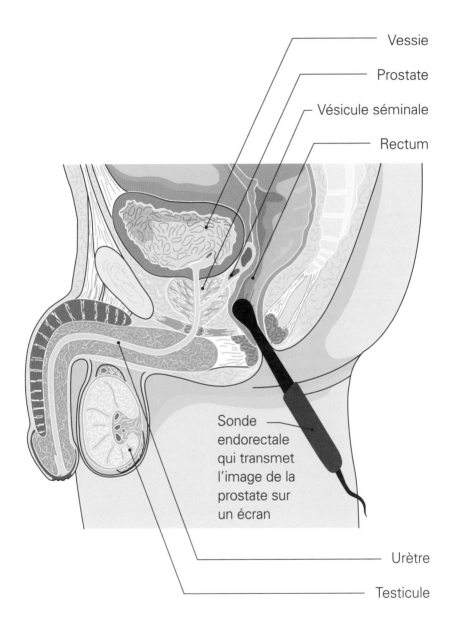

Vessie

Prostate

Vésicule séminale

Rectum

Sonde endorectale qui transmet l'image de la prostate sur un écran

Urètre

Testicule

❶ L'échographie transrectale

L'échographie transrectale permet de diriger l'aiguille de biopsie vers les zones choisies pour le prélèvement. L'aiguille perce la paroi du rectum et va jusqu'à la prostate pour y prélever des tissus çà et là ; c'est ce qu'on appelle l'échantillonnage. Le médecin recueille de 6 à 12 échantillons. Il y a quelques années, on ne prélevait pas plus de six échantillons et, par conséquent, on risquait davantage de passer à côté d'une zone affectée. Aujourd'hui, l'examen des tissus de la prostate permet de déceler avec beaucoup plus d'efficacité la présence d'un cancer.

La biopsie de la prostate

La biopsie cause un inconfort, mais elle n'est pas vraiment douloureuse et l'ensemble des prélèvements se fait en 5 à 10 minutes environ. Par contre, elle peut entraîner tout de suite après des crampes dans le bas-ventre (qui durent généralement moins de 10 minutes). Il peut également arriver que du sang passe dans les urines, le sperme ou les selles à cause des petites perforations effectuées dans le rectum. D'habitude, ces saignements sont sans conséquence et disparaissent tout seuls au bout de quelques jours ou de quelques semaines.

Il arrive que des bactéries provenant du rectum soient transportées par l'aiguille dans la glande et qu'elles causent une infection dans la prostate, ce qui est une des plus graves conséquences possibles de la biopsie. Le cas échéant, le patient se sentira mal et aura de la fièvre. Les infections bactériennes se traitent par des antibiotiques. Mais de tels cas sont rares, n'affectant que 1 % à 4 % des personnes ayant subi une biopsie. La plupart des infections sont dues à des bactéries résistantes aux antibiotiques courants utilisés pour prévenir les infections.

LE RÔLE DU PATHOLOGISTE

Le pathologiste est un médecin spécialisé dans l'étude des tissus humains. Son travail a pour but de mieux comprendre la maladie. Son rôle principal est de poser des diagnostics basés sur l'analyse microscopique des tissus prélevés (biopsie).

Si l'urologue ou le radiologiste font une biopsie pour prélever des échantillons de tissus de prostate ou de ganglions pelviens, c'est le pathologiste qui les examine dans son laboratoire et qui détermine ce qu'il en est exactement. C'est donc lui qui vérifie si les tissus sont atteints d'un cancer. Il précise aussi le grade de ce dernier (un des éléments importants qui détermine l'agressivité du cancer). Par conséquent, il apporte une contribution essentielle puisqu'il oriente le médecin traitant vers le traitement le mieux adapté et le plus efficace pour le patient.

LES EXAMENS COMPLÉMENTAIRES

Si la biopsie confirme la présence d'un cancer, il peut être nécessaire d'effectuer d'autres examens afin de déterminer si les cellules cancéreuses se sont propagées ailleurs dans l'organisme. Ces examens complémentaires concernent surtout les hommes qui présentent des signes particulièrement graves, comme une induration ou une bosse étendue dans la prostate, un dosage élevé de l'APS ou une biopsie de la prostate qui révèle la présence d'un cancer agressif.

La lymphadénectomie

La lymphadénectomie pelvienne est une procédure chirurgicale diagnostique réalisée sous anesthésie générale qui a pour but de déterminer l'éventuelle présence de métastases ganglionnaires. Cela consiste à prélever des échantillons de ganglions lymphatiques pelviens pour voir si le cancer de la prostate s'est étendu jusque-là. Parfois, on pratique une lymphadénectomie en même temps que la prostatectomie radicale (ablation de la prostate pour traiter un cancer localisé). Dans certains cas, une lymphadénectomie pelvienne peut être effectuée isolément quand, par exemple, un médecin désire avoir une idée précise de l'étendue du cancer avant de soumettre un patient à la radiothérapie.

La scintigraphie osseuse

La scintigraphie osseuse est un examen de médecine nucléaire qui consiste à injecter un isotope radioactif (une substance radioactive non nocive) afin de permettre au médecin de voir si le cancer s'est étendu aux os (métastases osseuses). Cette procédure est sans douleur et sans risque (*Figure* ❷).

Examens par IRM (imagerie par résonance magnétique) et TEP (tomographie par émission de positons)

L'imagerie par résonance magnétique (IRM) et la tomographie par émission de positons (TEP) sont de nouvelles techniques radiologiques qui produisent des images encore plus précises que le scanner (ou tomodensitomètre ou CT-scan). Des chercheurs étudient actuellement l'opportunité de l'utilisation de ces techniques dans le contexte du cancer de la prostate. Pour l'instant, on les utilise parfois pour déterminer quelle approche – chirurgicale ou autre – on devrait adopter. D'autres études sont également en cours pour déterminer si l'IRM serait une façon fiable de suivre les cancers de la prostate non traités.

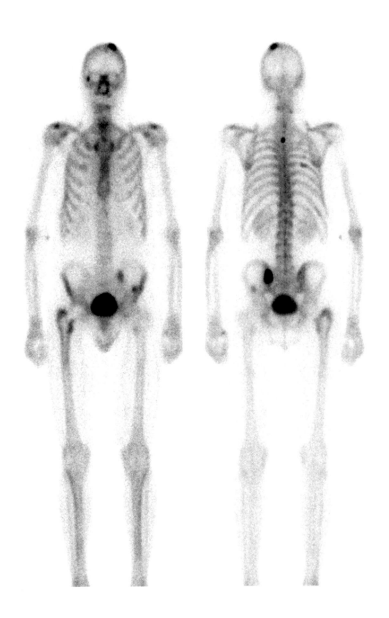

❷ La scintigraphie osseuse

La tomodensitométrie axiale (CT-scan)

Certains patients demandent à leur médecin si une tomodensitométrie axiale, ce qu'on appelle communément un CT-scan, pourrait être utile. Il s'agit d'un examen radiographique particulier que l'on peut utiliser pour évaluer l'anatomie abdominale et pelvienne afin de déterminer s'il y a ou non des métastases. Malheureusement, chez la plupart des patients atteints d'un cancer de la prostate, la tomodensitométrie axiale ne fournit pas beaucoup de renseignements utiles. De fait, elle permet de déceler l'augmentation de la taille des organes atteints de métastases – dans le cas du cancer du foie ou du pancréas notamment. Le cancer de la prostate, lui, peut affecter les ganglions pelviens sans les faire grossir ; par conséquent, la tomodensitométrie axiale ne détectera rien. Cet examen est donc peu employé pour déceler l'éventuelle présence de métastases.

Ce sont surtout les radio-oncologues qui s'en servent en présence d'un cancer de la prostate, car ils ont besoin de connaître la taille et la forme exactes de la prostate pour pouvoir mieux diriger leurs rayons de radiothérapie.

LA CLASSIFICATION DU CANCER DE LA PROSTATE

Le traitement du cancer de la prostate dépend en grande partie du degré de propagation des cellules cancéreuses. C'est pourquoi il est utile de préciser l'évolution de la maladie en fonction de son grade et de son stade (*Figure* ❸).

Le grade et le stade précisent l'état du cancer chez une personne au moment du diagnostic. Les cellules cancéreuses peuvent être agressives (score 8, par exemple), mais encore confinées à la prostate (stade T2). À l'inverse, les cellules peuvent avoir l'air presque normales (score 4 ou moins), mais il est possible que des métastases se soient déjà étendues aux os (stade M1). Chaque cancer de la prostate est différent et il est difficile de prédire comment évoluera la maladie.

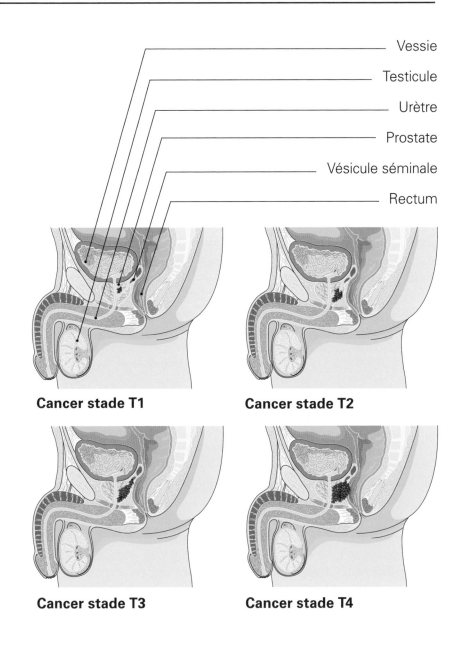

Vessie

Testicule

Urètre

Prostate

Vésicule séminale

Rectum

Cancer stade T1

Cancer stade T2

Cancer stade T3

Cancer stade T4

❸ Les différents stades du cancer de la prostate

Le grade et le stade déterminent en bonne partie les choix thérapeutiques proposés au patient. Mais pour décider de ce qui lui convient le mieux, les médecins tiennent aussi compte de son âge, de son état de santé général, de ses antécédents médicaux et de ses préférences personnelles. Ils peuvent ensuite décider du traitement à prescrire.

Le grade

Le grade représente la malignité (ou l'agressivité) du cancer. On se base sur l'aspect du tissu de la prostate et on se sert de l'échelle de Gleason, qui va de 1 à 5. C'est le Dr Donald F. Gleason, un pathologiste de l'Université du Minnesota, qui a créé cette échelle d'évaluation des cellules cancéreuses en 1966. On l'utilise pour tous les types de cancers.

Si le tissu ressemble encore beaucoup à celui d'une glande saine, le pathologiste lui donnera le grade 1 ou 2. Si le tissu glandulaire a un aspect plutôt irrégulier et une forme très différente de celui d'une glande normale, il sera considéré comme étant de grade 4 ou 5. Le grade 3 est donc le grade intermédiaire.

Le pathologiste examine au microscope le tissu prélevé lors de la biopsie et il lui donne deux grades, car, comme la prostate est une glande qui est rarement homogène, le cancer peut être un peu plus agressif dans certaines zones que dans d'autres, sur le même tissu. C'est pourquoi en tenant compte de deux grades on a une meilleure idée de l'évolution de la maladie. Le premier chiffre représente le grade le plus prédominant et l'autre, le deuxième grade prédominant. Le total est ce qu'on appelle « le score ».

Par contre, un sujet qui présente des grades de 3 + 4 (score 7) sera moins atteint qu'un autre qui affiche des grades de 4 + 3 (score 7 aussi). L'ordre des chiffres est très important, car il aide à choisir un traitement.

Si le tissu présente la même prédominance partout, on additionne les grades (3 + 3, par exemple, pour un score de 6). D'autre part, plus la maladie est agressive et moins il y a de zones diffé-

LES DIFFÉRENTS GRADES ET STADES DU CANCER DE LA PROSTATE

Les grades (selon l'échelle de Gleason)

Grade 1 : le tissu ressemble encore beaucoup à un tissu sain (c'est le grade le moins agressif).

Grade 2 : le tissu est un peu différent d'un tissu normal.

Grade 3 : le tissu est modérément différent d'un tissu normal.

Grade 4 : le tissu a un aspect plutôt irrégulier et une forme différente de la normale.

Grade 5 : le tissu est très différent d'un tissu normal (c'est le grade le plus élevé).

La prostate étant rarement homogène, le cancer peut être un peu plus agressif dans certaines zones plutôt que dans d'autres. C'est pourquoi on tient compte de deux grades pour avoir une meilleure idée de la maladie (le total des deux grades donne le score).

Les stades (selon le système TNM)

T (taille de la tumeur dans la prostate)

T0 Aucune indication d'une tumeur dans la prostate.

T1 La prostate semble normale et la tumeur a été découverte à la suite d'un taux d'APS élevé.

T2 La tumeur est palpable et confinée à la prostate.

T3 La tumeur déborde de la prostate (la capsule – l'enveloppe de la prostate – et/ou les vésicules séminales sont touchées).

T4 La tumeur a atteint des tissus voisins (col de la vessie, sphincter externe, rectum, etc.).

N (degré d'atteinte des ganglions pelviens)

N0 Il n'y a pas de trace de tumeur dans les ganglions.

N+ Un ou plusieurs ganglions sont atteints.

M (présence ou absence d'autres métastases)

M0 Il n'y a aucune métastase au-delà des ganglions.

M1 Il y a des métastases dans les os ou dans d'autres endroits éloignés.

rentes sur le tissu. Ainsi, il est pratiquement impossible d'obtenir un score de 5 + 1 ou même de 4 + 2.

Généralement, les grades et les scores élevés correspondent à des tumeurs à croissance plus rapide et indiquent un pronostic plus grave.

Le stade

Le stade représente le degré de dissémination du cancer de la prostate. Dans les premiers stades, le cancer est confiné à la prostate. Dans les stades intermédiaires, la tumeur locale commence à déborder de la prostate. Dans les stades avancés et très avancés, les cellules cancéreuses envahissent d'autres tissus, comme les ganglions pelviens, puis les os (cancer métastatique). Plus tard, la maladie est généralisée dans tout l'organisme.

La méthode la plus répandue de classification des stades du cancer de la prostate est le système international TNM, c'est-à-dire *Tumor, Node, Metastasis* (tumeur, ganglion, métastases).

Le T fait référence à l'étendue de la tumeur dans la prostate elle-même, le N décrit le degré d'atteinte des ganglions pelviens et le M fait référence à la présence ou à l'absence de métastases à distance de la tumeur. Il existe d'autres méthodes de classification, mais, au Canada, la communauté médicale utilise le système TNM.

CE QU'IL FAUT RETENIR

- 80 % des cancers de la prostate sont découverts de façon fortuite au cours d'un examen de routine. Ils n'ont pas commencé à provoquer de symptômes et les hommes se sentent tout à fait bien. Parfois, la maladie en est à ses débuts, d'autres fois, elle est assez avancée.

- Les symptômes urinaires (ou de « prostatisme ») n'annoncent pas nécessairement un cancer de la prostate. Ils peuvent être causés par d'autres problèmes liés à l'appareil urinaire.

- Le toucher rectal a ses limites. En effet, il ne permet pas d'examiner la prostate en entier – en outre, la majorité des cancers diagnostiqués au Canada le sont en dépit d'un examen physique et d'un toucher rectal normaux –, mais il permet de temps en temps de détecter des cancers malgré un taux d'APS normal.

- Grâce au test de l'APS, les médecins sont en mesure de détecter un cancer de la prostate avant même qu'on ne se doute de sa présence. Par conséquent, la maladie peut être traitée plus tôt et les patients ont de meilleures chances de guérir.

- Sur trois tests de l'APS au résultat anormalement élevé, il n'y aura qu'un seul cas de cancer de la prostate. Par ailleurs, 15 % des hommes atteints de la maladie ont un taux d'APS normal.

- La biopsie par échantillonnage permet habituellement de poser un diagnostic précis.

- Le choix d'un traitement thérapeutique dépend de l'âge du patient, de son état de santé général, de ses antécédents médicaux et de ses préférences personnelles.

TÉMOIGNAGES

Prénom : Charles | **Âge :** 50 ans

Profession : homme d'affaires

Charles est un homme d'affaires actif et en pleine forme. Il travaille 40 heures par semaine, joue au golf et fait du jogging.

Lors de son dernier bilan de santé annuel, son médecin a fait un toucher rectal, normal a priori. Le résultat de son analyse de l'APS est cependant élevé, atteignant 5,0 ng/mL. On lui fait une échographie transrectale de la prostate – qui ne détecte pas d'anomalies – et une biopsie par échantillonnage. Le pathologiste détermine alors que sa prostate contient des cellules cancéreuses de score 6 (grade 3 + 3 sur l'échelle de Gleason). Les examens supplémentaires s'avèrent négatifs.

Qu'est-ce que cela signifie ? Même si le toucher rectal et l'échographie transrectale n'ont rien décelé, Charles a bel et bien un cancer qui n'est cependant pas très avancé. Il subit une prostatectomie radicale et l'analyse pathologique des tissus permet de déterminer que le cancer est resté localisé dans la prostate (T2) et n'a pas encore atteint les ganglions pelviens (N0) ni les os (M0). Charles a donc de bonnes chances de guérir et n'aura probablement pas besoin d'un autre traitement.

Prénom: Jean-François	**Âge:** 63 ans
Profession: comptable à la retraite	

Jean-François est en bonne santé. Les loisirs, le sport, le bénévolat et ses petits-enfants occupent toutes ses journées. Adepte d'une bonne nutrition, il surveille ce qu'il mange. Lors d'un examen de routine, son médecin détecte au toucher rectal une bosse qui déborde de la prostate. Son taux d'APS, à 23,0 ng/mL, est cinq fois plus élevé que la normale. Il subit une échographie transrectale. Celle-ci révèle une anomalie suspecte qui semble déborder de la capsule prostatique (enveloppe de la prostate). Plusieurs biopsies sont faites dans cette zone. Le pathologiste détermine que sa prostate est atteinte d'un cancer de grade 4 + 5 (score de 9). Jean-François est soumis à un examen de tomodensitométrie, qui révèle que le cancer s'est étendu aux ganglions lymphatiques de son pelvis (à proximité de la prostate). Une biopsie confirme la présence de cancer dans les ganglions lymphatiques. Quant à la scintigraphie osseuse, elle est normale.

Que lui arrive-t-il? Jean-François est atteint d'un cancer de la prostate plutôt avancé, qui s'est étendu aux ganglions pelviens (N1), mais pas encore aux os (M0). Son médecin discute avec lui des traitements possibles. Les chances de guérison sont minces, mais si Jean-François réagit bien au traitement, il pourrait encore vivre longtemps avec une bonne qualité de vie.

CHAPITRE 4
LE TRAITEMENT DU CANCER DE LA PROSTATE LOCALISÉ

Un cancer de la prostate est dit localisé lorsqu'il semble qu'il n'y a pas d'extension de la tumeur (par exemple des métastases) à l'extérieur de la prostate. On considère alors qu'il n'a pas atteint d'autres organes que la prostate. Comment traiter ce type de cancer ? C'est une question complexe, car plusieurs facteurs entrent en ligne de compte.

Il faut considérer le grade (l'aspect du tissu au microscope, qui donne une idée de l'agressivité de la tumeur), le stade (l'impression de l'étendue de la tumeur telle qu'elle est perçue lors du toucher rectal) et le taux d'antigène prostatique spécifique (APS), le test qui reflète le mieux l'étendue de la maladie (*voir chapitre 3, les encadrés sur les différents grades et stades du cancer de la prostate et sur les taux jugés normaux d'APS*). Ces éléments aident à évaluer la nature de la tumeur et le risque qu'elle soit mortelle dans les années à venir. Le médecin tient également compte de l'âge du patient, de son espérance de vie et de ses antécédents médicaux et familiaux.

En général, lorsqu'il est pris au début, c'est-à-dire lorsqu'il est confiné à la prostate, ce cancer se guérit très bien. Cela dit, les patients ne seront pas tous traités. Dans certains cas, les effets secondaires et les complications du traitement peuvent être plus dommageables que ses bienfaits ou que la manifestation de la maladie elle-même, surtout si on pense qu'elle évoluera très lentement. Il arrive parfois que la meilleure chose à faire soit de ne rien faire du tout !

Lorsque le cancer de la prostate est localement avancé, c'est-à-dire qu'il n'est plus confiné à la prostate, mais n'a pas encore provoqué de métastases, il faut souvent avoir recours à des traitements d'association. Pour déceler la présence d'un cancer localement avancé, les médecins se fient à l'un des trois paramètres suivants : une tumeur agressive (score de 7 et plus sur l'échelle de Gleason), un taux d'APS de 20 ng/mL et plus ou un stade T3, qui indique que la tumeur a débordé de la prostate.

LE CHOIX DU TRAITEMENT

La décision de traiter ou non le cancer dépend de plusieurs facteurs. Cette décision est parfois difficile à prendre et elle exige une excellente communication entre le médecin et son patient. Le traitement doit être adapté au patient et tenir compte de ses opinions, de ses préférences et de ses attentes en matière de qualité de vie.

C'est pourquoi ce dernier ne doit pas hésiter à interroger son médecin sur sa maladie, sur son espérance de vie et sur les traitements disponibles. Il lui est conseillé de prendre le temps de réfléchir, de peser le pour et le contre de chaque option, d'aller chercher toutes les informations possibles et d'en parler avec sa famille et ses proches. S'il en éprouve le besoin, le patient ne doit pas se gêner pour demander l'avis d'un autre médecin.

QUESTIONS À POSER AU MÉDECIN

- De quelle sorte de cancer s'agit-il ? Est-il confiné à la prostate ou a-t-il commencé à faire des métastases ?
- La tumeur est-elle agressive ? Quel est le grade de mon cancer ?
- Y a-t-il d'autres examens à faire ?
- Quels sont les traitements possibles ? De quoi le médecin tient-il compte ? Que conseillera-t-il en particulier ?
- Quels sont les avantages et les inconvénients de chaque traitement ?
- Les traitements ont-ils des conséquences à long terme ? Lesquelles ? Dans quelle proportion risquent-elles de se produire ? Y a-t-il un moyen de les prévenir ? Le médecin peut-il les traiter ?
- Quelles sont les chances de guérir du cancer ? Que faire s'il récidive ?
- Le médecin est-il capable de le soigner ou faut-il aller voir un de ses confrères ?
- Est-il nécessaire de cesser de travailler durant le traitement ?
- Faut-il changer ses habitudes de vie pendant le traitement ? Lesquelles et pourquoi ?
- Est-il possible d'avoir une vie sexuelle pendant et après le traitement ?

Dans le traitement du cancer de la prostate localisé, il n'existe pas de solution toute faite : rien n'est « coulé dans le béton ». Le traitement repose sur l'approche du médecin – qui recherchera la meilleure façon d'optimiser les résultats chez son patient – et sur tous les éléments dont nous venons de parler. C'est pourquoi deux hommes qui ont des tumeurs identiques ne seront pas nécessairement soignés de la même façon.

Le médecin ne peut pas prévoir avec précision l'évolution d'un cancer de la prostate localisé. Il dispose toutefois d'outils qui pourront guider le patient : ce sont les tables prédictives de Partin, les nomogrammes (graphiques) de Kattan et la table de survie d'Albertsen (*voir « Les outils prédictifs » à la fin de ce chapitre*). Il faut souligner que ces précieuses échelles d'évaluation ne sont utilisées que dans les cas de cancer de la prostate et ne s'appliquent pas à d'autres types de cancers.

Cela dit, même lorsqu'on utilise ces échelles, il arrive qu'on découvre, au cours de la prostatectomie radicale, ou après, que le cancer a dépassé la capsule (la capsule est l'enveloppe de la prostate), que les marges sont positives (le cancer a atteint ou dépassé la limite du tissu enlevé), que les vésicules séminales sont atteintes par le cancer ou qu'il y a des métastases dans les ganglions. Le cancer peut donc changer de stade après l'opération si la tumeur est plus étendue qu'on ne l'avait cru au départ.

LES OPTIONS QUI S'OFFRENT AU PATIENT

Les options qui s'offrent aux patients souffrant d'un cancer de la prostate localisé sont la surveillance active, la prostatectomie radicale (l'ablation de la prostate, précédée ou non d'une lymphadénectomie pour déterminer si le cancer s'est étendu) et la radiothérapie (externe ou brachythérapie). L'attente sous surveillance est une option pour les patients plus âgés ou qui ont d'autres importants problèmes de santé. Si le cancer est localement avancé, le médecin peut recommander une association de traitements incluant la prostatectomie radicale, la radiothérapie et l'hormonothérapie. L'hormonothérapie seule ne guérit pas le cancer. Pour espérer vaincre la maladie, il faut l'associer à la prostatectomie radicale ou à la radiothérapie.

Répétons-le, les options de traitement dépendent du grade de la tumeur, de son stade et de l'espérance de vie du patient, qui est liée à son âge et à son état de santé général. Il est bien établi qu'un homme de moins de 70 ans a une espérance de vie supérieure à un homme plus âgé, et que s'il est bien portant, son espérance de vie est de 10 ans ou plus.

Hommes dont l'espérance de vie est supérieure à 10 ans (hommes âgés de moins de 70 ans en général)

Les hommes relativement jeunes, dans la cinquantaine ou dans la soixantaine, sont plus susceptibles de décéder des suites de leur cancer de la prostate que les hommes âgés. Non pas parce que leur maladie est plus agressive, mais parce qu'il y a moins de risques qu'ils décèdent d'autre chose. Comme ils ont plus d'années devant eux, la maladie a beaucoup plus le temps d'évoluer. Voilà pourquoi les médecins leur suggèrent généralement d'intervenir énergiquement pour s'en débarrasser le plus vite possible.

En général, la prostatectomie radicale ou la radiothérapie suffisent lorsque la tumeur ne déborde pas de la prostate. Ces traitements sont très efficaces : avec l'un comme avec l'autre, le taux de guérison est pratiquement aussi élevé 5 à 10 ans après le traitement. Plusieurs études montrent qu'après un an, la qualité de vie (en tenant compte des effets secondaires et des complications) est comparable pour les deux traitements. Après 10 ans, il semble que les récidives sont plus rares lorsqu'on a eu recours à la prostatectomie radicale.

En cas de cancer localement avancé, c'est-à-dire lorsque la tumeur est agressive (score élevé sur l'échelle de Gleason), lorsque le taux d'APS est élevé ou lorsque la tumeur semble déborder de la prostate, le médecin pourra suggérer d'associer deux ou trois traitements : la prostatectomie radicale, la radiothérapie et/ou l'hormonothérapie. S'il découvre, au cours de l'opération, que le cancer a réellement commencé à déborder de la prostate, le médecin peut ajouter la radiothérapie et/ou l'hormonothérapie à la prostatectomie radicale pour tenter d'améliorer les chances du patient (plus le cancer déborde de la prostate, plus les risques de récidive augmentent). Il s'agit d'une nouvelle approche qui, on l'espère, permettra de mieux guérir la maladie et d'éviter les récidives.

Les hommes qui souffrent de maladies graves en plus de leur cancer risquent de ne pas être de bons candidats à la prostatectomie radicale, qui est une chirurgie assez importante. On envisagera alors l'attente sous surveillance ou la surveillance active si la tumeur ne semble pas agressive, alors que la radiothérapie et/ou l'hormonothérapie pourront être un bon choix si la tumeur semble menaçante.

La radiothérapie a l'avantage de s'adresser à la fois aux hommes qui sont en bonne santé et à ceux qui le sont moins. Cependant, elle implique un inconvénient de taille : en général, elle ne permet plus de recourir à la prostatectomie radicale en cas de récidive du cancer. En effet, parce que la radiothérapie brûle les tissus de la prostate et les tissus environnants (ils deviennent durs et fibreux), il sera difficile, par la suite, d'enlever la prostate sans séquelles majeures. Les possibilités d'action seront donc réduites en cas de récidive. La prostatectomie radicale, elle, permet de se tourner ultérieurement sans trop de problèmes vers la radiothérapie. Comme le risque de récidive locale est plus élevé chez les patients plus jeunes – leur suivi étant plus long –, c'est là un inconvénient de la radiothérapie auquel il faut songer et qui explique que l'on suggère plus souvent la chirurgie aux patients plus jeunes.

Hommes dont l'espérance de vie est inférieure à 10 ans (hommes âgés de plus de 70 ans en général)

En général, à partir de 70 ans, on envisage l'attente sous surveillance ou la surveillance active pour les hommes atteints d'un cancer localisé à évolution lente. Dans leur cas, l'évolution du cancer peut être si lente que les inconvénients d'un traitement risquent d'être plus importants que ses avantages et que les symptômes de la maladie. En outre, plus les patients sont âgés, plus il y a de risque qu'ils soient emportés par une autre maladie que leur cancer.

Donc, lorsque l'espérance de vie est inférieure à 10 ans et que le cancer ne semble pas être trop agressif, il est souvent plus sage d'attendre et de donner du temps au patient au lieu de le soumettre à des traitements pénibles. Dans bien des cas, il sera possible d'intervenir quand la maladie se mettra à progresser. À ce moment-là, l'hormonothérapie sera une bonne solution pour freiner la maladie et estomper les symptômes. En ralentissant l'évolution de la maladie dans tout l'organisme, elle pourra suffire chez certains patients.

La radiothérapie peut être une option si le cancer en est à un stade où la guérison est encore possible.

Il arrive que le médecin décide de recourir à la prostatectomie radicale chez des patients de plus de 70 ans, notamment lorsque la tumeur est agressive, que le patient est en bonne santé et qu'il a une bonne espérance de vie.

Par ailleurs, le médecin peut opter pour la radiothérapie, pour l'hormonothérapie ou pour ces deux traitements si le cancer a commencé à déborder un peu de la prostate ou s'il semble plus agressif et que la chirurgie n'est pas indiquée.

TÉMOIGNAGES

Prénom : Louis	**Âge :** 64 ans

Profession : contremaître dans une usine de pâte à papier

Son cancer de la prostate est associé à un score de 6 (3 + 3 sur l'échelle de Gleason) ; son APS est de 8 ng/mL. Selon la table d'Albertsen, il a 68 % de risque de mourir dans les 15 ans, avec une probabilité de 23 % de mourir de son cancer. Ce qui signifie qu'il y a environ 45 % de chances qu'il décède d'autre chose dans la même période. C'est donc dire que Louis est presque deux fois plus susceptible de mourir d'autre chose que de son cancer au cours des 15 prochaines années. Le médecin lui propose la surveillance active au lieu d'opter tout de suite pour un traitement et de l'exposer à de possibles effets secondaires. Mais cette solution ne convient pas à Louis, qui imagine mal de vivre avec cette épée de Damoclès au-dessus de la tête. Il insiste pour être traité. Son médecin lui propose donc la chirurgie ou la radiothérapie, en lui expliquant leurs avantages et leurs inconvénients respectifs. Il calcule aussi les risques de récidive selon les nomogrammes de Kattan.

Prénom : Laurent	**Âge :** 67 ans

Profession : représentant

Laurent prendra sa retraite dans un an et il a déjà tout planifié : il va s'acheter un voilier et partir à la conquête des mers du Sud avec son épouse. Mais son médecin lui annonce qu'il est atteint d'un cancer de la prostate localisé, qui ne semble cependant pas trop agressif. Son cancer est de score 6 (grades 3 + 3) sur l'échelle de Gleason et au stade T1, et le taux d'APS est de 5. Le médecin lui propose les trois traitements possibles (la surveillance active, la prostatectomie radicale et la radiothérapie) en lui expliquant les avantages et inconvénients de chacun. Laurent hésite, il réfléchit et finit par choisir la surveillance active. Comme son cancer est susceptible d'évoluer lentement, il préfère attendre et profiter de ce voyage longtemps planifié. Il reviendra voir son médecin à son retour.

L'ATTENTE SOUS SURVEILLANCE ET LA SURVEILLANCE ACTIVE

Aussi surprenant que cela puisse paraître, il se peut qu'après avoir découvert un cancer confiné à la prostate, le médecin préfère attendre avant de commencer un traitement. Comment expliquer cela ?

Souvent, le cancer de la prostate évolue très lentement et il peut, pendant une longue période, ne pas provoquer de symptômes, ne pas se propager et ne pas mettre la vie du patient en danger.

L'attente sous surveillance

Il est fréquent que les hommes âgés ou ceux qui sont atteints d'un cancer à évolution lente et qui présentent d'autres importants problème de santé décèdent avant que le cancer ne menace leur vie. Lorsque tout indique que le cancer progressera lentement, le médecin préférera peut-être attendre une éventuelle manifestation de la maladie avant d'entreprendre un traitement. On appelle cela l'attente sous surveillance. Il est important, dans certains cas, de mettre en balance les inconvénients d'un traitement et les risques que présente le cancer.

La surveillance active

La surveillance active peut être proposée à des hommes en bonne santé de tout âge présentant un cancer de stade précoce et de grade peu élevé qui est susceptible de se développer lentement. De cette façon, les risques de dysfonctionnement érectile et d'incontinence associés au traitement peuvent être évités (du moins temporairement).

Évidemment, cela nécessite des examens périodiques (tous les trois à six mois) pour suivre la progression de la maladie : toucher rectal, analyse sanguine du taux d'antigène prostatique spécifique (APS) et multiples biopsies de la prostate. En faisant des biopsies à différents endroits de la prostate, on peut estimer la progression de la maladie en fonction du nombre de biopsies contenant des cellules cancéreuses et juger si le grade du cancer a évolué dans certaines zones. Si le médecin constate que le cancer progresse plus rapidement que prévu ou change de grade, il peut alors recommander un traitement actif (prostatectomie radicale, radiothérapie et/ou hormonothérapie). Environ 25 % à 30 % des hommes sous surveillance active finissent par être traités du fait de signes de progression du cancer.

Bien que la surveillance active ne soit pas un traitement en soi, elle peut néanmoins représenter des risques. La maladie peut commencer à progresser plus rapidement que prévu et atteindre un stade incurable avant que le médecin n'ait le temps de réagir. Cela ne se produit pas souvent, mais les patients doivent en être conscients – ainsi que du fait qu'on ne dispose pas d'outils fiables à 100 % pour prédire la progression de la maladie.

LA PROSTATECTOMIE RADICALE (OU L'ABLATION COMPLÈTE DE LA PROSTATE)

La prostatectomie radicale est l'ablation complète de la prostate et de sa capsule, une chirurgie que l'on pratique sous anesthésie générale ou régionale (rachidienne ou épidurale) (*Figure* ❶). Il ne s'agit pas de la même opération que la prostatectomie pour l'hypertrophie bénigne de la prostate, au cours de laquelle on ne retire que la partie interne de la prostate, en laissant sa capsule en place. La prostatectomie radicale est utile aux stades précoces du cancer, lorsque ce dernier est confiné à la prostate. Les chances de guérison sont alors excellentes. Si les ganglions pelviens sont atteints, il est généralement trop tard pour la chirurgie. Cela dit, grâce aux techniques d'investigation modernes, il est rare qu'on doive attendre l'opération pour s'apercevoir que le cancer est trop étendu pour pouvoir pratiquer la prostatectomie.

En cas de doute, cependant, le chirurgien peut commencer par faire une lymphadénectomie pelvienne. Cela consiste à prélever les ganglions, au début de l'opération, pour savoir si le cancer de la prostate s'y est déjà propagé. Le tissu retiré est envoyé au pathologiste et les résultats sont obtenus dans la demi-heure qui suit ; il s'agit d'une procédure courante qui concerne différentes sortes de cancers (celui du sein, notamment). Si le cancer a atteint les ganglions,

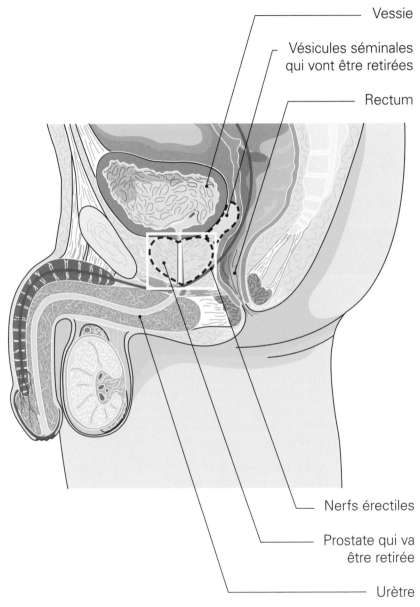

Vessie

Vésicules séminales
qui vont être retirées

Rectum

Nerfs érectiles

Prostate qui va
être retirée

Urètre

❶ La prostatectomie radicale

le chirurgien peut décider d'arrêter la procédure et de se tourner vers d'autres traitements. Par contre, si les ganglions ne sont pas affectés, on procède sur-le-champ à la prostatectomie radicale.

Pour ce faire, le chirurgien, qui a déjà fait une incision dans le bas-ventre (selon la technique rétropubienne), sectionne d'abord l'urètre, puis la vessie à la jonction avec la prostate (*voir la figure 1 « L'anatomie de la prostate » au chapitre 1*). Ensuite, il coupe les canaux déférents, enlève la prostate ainsi qu'un peu de tissu adjacent et les vésicules séminales (des petites pochettes juxtaposées à la prostate qui produisent des substances qui composent le sperme). Comme c'est souvent dans les vésicules que les cellules cancéreuses migrent en premier, on cherche ainsi à éviter

DÉMARCHES PRÉOPÉRATOIRES

Lorsque la chirurgie est envisagée, on procède à des analyses sanguines et d'urine, à un enregistrement de l'activité cardiaque (électrocardiogramme ou ECG) et, parfois aussi, à des examens radiologiques. Tous ces examens se font en consultation externe quelques jours ou quelques semaines avant l'intervention. Il s'agit en fait d'évaluer l'état de santé général du patient. Ce dernier entre à l'hôpital la veille ou le matin de son opération et il se peut qu'on lui administre un laxatif ou un lavement afin de lui vider les intestins. Il ne doit pas avoir mangé ni bu dans les huit heures qui précèdent l'intervention.

Les transfusions sanguines sont rarement nécessaires, car, en général, le patient ne perd pas beaucoup de sang. Néanmoins, par précaution, certains centres hospitaliers demandent à leurs patients de fournir un peu de leur propre sang avant l'opération. On le jettera s'il n'est pas utilisé, car les hôpitaux n'ont pas le droit de le conserver ou de l'utiliser pour d'autres patients.

Par ailleurs, certains médecins prescrivent une hormonothérapie avant l'opération (*voir « L'hormonothérapie » plus loin dans ce chapitre*).

de laisser des cellules cancéreuses. La prostate, les vésicules séminales et les tissus prélevés sont analysés par le pathologiste dans les jours qui suivent l'opération, ce qui permettra au chirurgien de connaître exactement la nature et l'étendue de la tumeur.

Durant l'opération, qui dure environ deux heures, le col de la vessie, qui était accolé à la prostate, est rattaché directement à l'urètre par des sutures. Le médecin prend soin de préserver le sphincter externe de l'urètre qui est responsable du contrôle des urines (le sphincter est le muscle qui entoure l'urètre et qui le ferme en se contractant). Pendant que le patient est encore sous anesthésie, on insère une sonde urinaire dans l'urètre pour faciliter l'évacuation de l'urine durant la cicatrisation.

Lors de l'opération, il arrive que le rectum subisse une lésion, car il est intimement accolé à la prostate. Cela ne se produit cependant que dans moins de 1 % des cas et, la plupart du temps, le chirurgien répare cette lésion immédiatement.

À la fin de l'opération, le chirurgien installe parfois un petit drain (tube) à travers la paroi abdominale, tout près de l'incision, afin d'empêcher l'accumulation de liquide dans la région opérée ou pour prévenir une éventuelle infection. En fait, des fuites temporaires (quelques jours) d'urine peuvent se produire entre les points de suture entre la vessie et l'urètre. De même, après une lymphadénectomie pelvienne, il peut y avoir des fuites de liquide lymphatique provenant des ganglions pelviens. En général, on maintient ce drain jusqu'à ce qu'il n'y ait plus aucun liquide à drainer, puis on le retire avant que le patient ne quitte l'hôpital.

Les techniques chirurgicales

La chirurgie ouverte

De façon traditionnelle, on réalise une prostatectomie radicale en faisant une incision dans le bas-ventre (méthode dite de « chirurgie ouverte ») (*Figure* ❷). De récents progrès en chirurgie ont permis d'améliorer la prostatectomie radicale traditionnelle. Un chirurgien expérimenté est capable de distinguer les nerfs érectiles situés de chaque côté de la prostate et de ne pas y

toucher pendant l'opération. Cette technique « avec préservation des nerfs érectiles » réduit de 50 % le risque de dysfonctionnement érectile (*voir « Les complications à long terme de
la prostatectomie radicale » plus loin dans ce chapitre*). On
l'utilise lorsque la taille et le siège de la tumeur le permettent :
si la tumeur est trop grosse ou trop agressive, on ne peut pas
préserver les nerfs. En outre, tous les chirurgiens n'utilisent
pas cette technique, car elle est plus compliquée et plus déli-
cate que la méthode traditionnelle. Les patients devraient donc
parler avec leur médecin de la procédure à utiliser.

La laparoscopie
Depuis la fin des années 1990, certains centres de traitement
proposent la prostatectomie radicale par laparoscopie. Au lieu
de faire une seule incision, le chirurgien en fait entre quatre et
six très petites (d'environ un centimètre) dans le bas-ventre,
par lesquelles il fait passer des instruments longs et minces
qui lui permettent de pratiquer l'opération (*Figure* ❷). Une
caméra (endoscope) que l'on a glissée dans une des incisions
guide ses gestes et lui permet de voir l'intérieur de l'abdomen.
      Bien que cette technique permette une récupération plus
rapide, il n'a pas été prouvé qu'elle est plus efficace que la
chirurgie traditionnelle et elle est associée aux mêmes
risques – parfois même plus élevés – de problèmes d'incontinence et de dysfonctionnement érectile que la chirurgie
ouverte. Cependant, la laparoscopie est très difficile à maîtriser et, pour l'instant, peu de chirurgiens ont suffisamment
d'expérience pour l'utiliser.

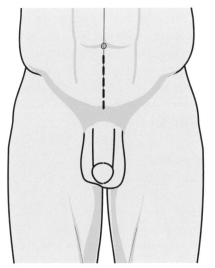
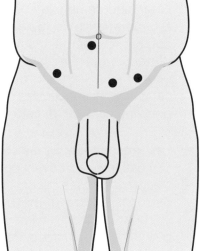

Incision pour la chirurgie
ouverte

Incisions pour la laparoscopie

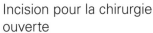 La prostatectomie radicale par chirurgie ouverte et
par laparoscopie

La chirurgie robotisée

Ces dernières années, la chirurgie robotisée a été mise au point et elle est de plus en plus populaire. La courbe d'apprentissage de la chirurgie robotisée est plus rapide que pour la laparoscopie et les chirurgiens urologues sont de plus en plus nombreux à l'utiliser. Les mouvements des instruments robotisés sont intuitifs. Les chirurgiens bénéficient d'une vue en trois dimensions de la prostate. De plus, les instruments robotisés disposent d'embouts articulés qui imitent les mouvements du poignet humain. Les prostatectomies robotisées ont l'avantage de ne pas être très invasives et de permettre une récupération plus rapide. Malheureusement, les patients courent les mêmes risques d'incontinence et de problèmes d'érection qu'avec la chirurgie ouverte. Des considérations économiques entrent en jeu avec la chirurgie robotisée et seuls les grands centres qui traitent un grand nombre de cas peuvent disposer de cette technique.

Les autres techniques chirurgicales

Les patients se trouvent donc confrontés à un choix entre plusieurs techniques chirurgicales. Laquelle est la meilleure ? On n'est pas encore en mesure de le dire. Les facteurs les plus importants sont l'habileté et l'expérience du chirurgien plutôt que la méthode utilisée. Par conséquent, les patients sont invités à discuter avec leur médecin de son expérience des différentes techniques existantes.

Il existe une autre façon de faire une prostatectomie radicale. Au lieu de passer par le bas-ventre (la technique rétropubienne), on retire le cancer en faisant une incision au niveau du périnée (espace entre les testicules et l'anus). C'est la technique de prostatectomie radicale périnéale, qui a largement été abandonnée depuis l'apparition de la technique rétropubienne, surtout parce que cette dernière permet de mieux préserver les nerfs érectiles. En outre, la technique périnéale ne permet pas d'évaluer l'état des ganglions pelviens puisque l'opération se fait par le périnée, loin des ganglions.

Les complications à court terme de la prostatectomie radicale

Les différents types de prostatectomie radicale nécessitent habituellement de deux à cinq jours d'hospitalisation et, en moyenne, trois à six semaines de convalescence à la maison. Il s'agit d'une intervention quand même importante qui comporte des risques de complications à court terme.

Dans les premières semaines, l'opéré doit s'attendre à ressentir une certaine douleur à cause de l'incision dans le bas du ventre ou dans le périnée. La prostatectomie par laparoscopie entraîne aussi des douleurs, mais moins marquées. Bien sûr, dans un cas comme dans l'autre, le médecin prescrit des analgésiques. Le patient peut marcher dès le lendemain et il reprend progressivement ses activités dans le mois qui suit l'intervention.

Le patient sort de l'hôpital avec une sonde dans l'urètre et un sac collecteur attaché à la cuisse. Cet attirail est un peu inconfortable, mais invisible sous les vêtements et peu gênant. Cela dit, la sonde peut irriter les parois de la vessie et entraîner des contractions vésicales. Le patient peut alors éprouver un besoin fréquent et urgent d'uriner, car les contractions donnent l'impression

LE CANCER DES HOMMES PLUS ÂGÉS N'EST PAS « MOINS GRAVE »

On a tort de penser que le cancer de la prostate des hommes plus jeunes est « pire » que celui des hommes plus âgés (on parle ici de tous les cancers en général). Bien des gens croient que les cellules cancéreuses se multiplient plus rapidement chez les hommes dans la cinquantaine parce que leur métabolisme est plus rapide que celui de leurs aînés. Cette affirmation est entièrement fausse. Si le cancer est de même nature au départ, son évolution sera semblable quel que soit l'âge. Et, en principe, le traitement devrait être le même. Ce sont l'espérance de vie, les antécédents médicaux et les choix personnels qui feront la différence.

(fausse) que la vessie est pleine. Ce problème est fréquent et, au besoin, le médecin prescrira des médicaments qui aideront la vessie à moins se contracter.

Lorsque la sonde est retirée, une à trois semaines après la chirurgie, la grande majorité des hommes éprouvent de la difficulté à maîtriser leurs mictions (besoin urgent d'uriner, perte d'urine en cas d'effort). L'incontinence urinaire est une complication normale à court terme. Pour 85 % à 90 % des hommes, les choses rentrent graduellement dans l'ordre entre 1 et 12 mois après l'opération (moyenne : 3 à 6 mois). Pour que l'incontinence dure le moins longtemps possible, le patient peut recourir aux exercices de Kegel (*voir « Pour réduire les risques de complications de la prostatectomie radicale » plus loin dans ce chapitre*).

Enfin, le patient qui subit une prostatectomie radicale n'est pas à l'abri des complications générales qui peuvent survenir après n'importe quelle opération : constipation due aux médicaments contre la douleur, pneumonie résultant d'une congestion des poumons (des sécrétions ont pu s'accumuler dans les poumons pendant ou après l'opération), formation de caillots sanguins dans les veines de la jambe (phlébites) due à l'immobilité et infection de la plaie.

Les complications à long terme de la prostatectomie radicale

La prostatectomie radicale comporte des risques de complications à long terme dont il faut tenir compte. Les trois principales sont le dysfonctionnement érectile (l'impuissance sexuelle), l'incontinence urinaire et la sténose de l'urètre ou du col vésical.

La complication la plus fréquente est le dysfonctionnement érectile. Il survient lorsque les nerfs qui sont responsables de l'érection du pénis, qui sont situés très près de la prostate, ont été sectionnés ou lésés pendant l'opération. Il est souvent possible de les épargner (c'est la technique de la prostatectomie radicale respectant les nerfs érectiles), mais cela s'avère impossible si la tumeur est trop grosse, trop agressive ou située trop près de ces nerfs. De plus, il faut savoir que l'utilisation de la technique de préservation des nerfs érectiles ne garantit pas que le patient puisse conserver sa capacité érectile.

Dans la période qui suit immédiatement l'opération, il est pratiquement impossible d'avoir une érection. Les choses rentrent peu à peu dans l'ordre dans l'année qui suit pour environ 50 % des hommes qui étaient capables d'avoir une érection avant l'opération et dont on a préservé les nerfs érectiles. Pour les autres, de même que pour près de 100 % de ceux chez qui le chirurgien n'a pas pu préserver ces nerfs, il y a de fortes chances que le dysfonctionnement érectile persiste sans traitement.

Cependant, il existe maintenant des moyens simples de traiter le dysfonctionnement érectile (*voir « Les traitements oraux du dysfonctionnement érectile : Viagra, Cialis et Levitra », au chapitre 6*) et de redonner à la plupart des hommes opérés une capacité érectile permettant une activité sexuelle satisfaisante, surtout si les nerfs ont été préservés. Par contre, entre 10 % et 25 % des patients opérés ne pourront pas avoir d'érection malgré la prise de médicaments oraux ou en injection intrapénienne. On ne connaît pas vraiment la cause de ce problème, mais il s'agirait sans doute d'une mauvaise vascularisation des tissus péniens due à l'état général du patient. Les hommes qui le désirent peuvent recourir à la pose chirurgicale d'implants péniens pour retrouver une vie sexuelle « à peu près normale ».

Soulignons que l'orgasme (la sensation de jouissance) n'est pas affecté, étant donné qu'il est contrôlé par d'autres nerfs, situés loin de la prostate. La libido aussi sera préservée, à moins que le patient n'ait suivi une hormonothérapie (*voir « L'hormonothérapie », plus loin dans ce chapitre*). Par ailleurs, comme la prostate et les vésicules séminales ne sont plus là et que les canaux déférents ont été coupés, les orgasmes sont secs, car il n'y a plus d'éjaculations. Les hommes opérés ne seront désormais plus fertiles.

En ce qui concerne les urines, pratiquement tous les hommes ont une période transitoire d'incontinence urinaire après l'intervention. Entre 5 % et 10 % d'entre eux souffrent en permanence d'un certain degré d'incontinence à l'effort, c'est-à-dire qu'ils laissent passer des gouttes d'urine lorsqu'ils toussent, rient, éternuent ou font un effort (pour soulever un objet lourd, par exemple). Pour la grande majorité, les fuites sont minimes ou occasionnelles et s'améliorent avec le temps. Les exercices de Kegel et la rééducation périnéale (exercices des muscles du périnée sous supervision d'un physiothérapeute) peuvent apporter une amélioration (*voir « Pour réduire les risques de complications de la prostatectomie radicale » plus loin dans ce chapitre*).

Environ 1 % à 5 % des hommes qui ont subi une prostatectomie radicale souffrent d'une incontinence totale sévère et permanente. Ils sont complètement incapables de contrôler leurs mictions. En général, c'est parce que le sphincter urinaire (le muscle qui entoure l'urètre) n'est plus capable de se contracter comme il le faisait avant l'opération. Dans certains cas, il est possible de faire installer un sphincter artificiel qui fera le même travail que le sphincter naturel. Il s'agit d'un système hydraulique comportant un manchon de silicone entourant l'urètre et relié à une pompe placée dans le scrotum à côté des testicules. Cette pompe est elle-même reliée à un ballon réservoir placé dans le bas-ventre et contenant une solution saline. Le système est mis en place par voie chirurgicale. Une fois le système activé, le manchon se remplit automatiquement de liquide et obstrue l'urètre. L'urètre est donc toujours obstrué sauf lorsque le patient appuie sur la pompe placée dans le scrotum. Le liquide du manchon retourne alors dans le ballon réservoir et le manchon péri-urétral s'ouvre pour laisser l'urine s'écouler par l'urètre vers l'extérieur. Le patient a alors une à deux minutes pour uriner, car le ballon réservoir va renvoyer automatiquement le liquide dans le manchon autour de l'urètre. Il existe d'autres systèmes pour diminuer ou enrayer les fuites d'urine. Certaines pinces péniennes et adaptateurs péniens pour recueillir les urines ont été mis au point. Les couches et culottes d'incontinence se sont aussi beaucoup améliorées. De plus, d'autres techniques chirurgicales moins extensives que le sphincter artificiel sont en voie de développement, notamment le *sling* urétral et les ballons de compression péri-urétraux.

La sténose de l'urètre ou du col de la vessie est le rétrécissement de l'urètre juste sous la vessie, qui survient lorsque les tissus cicatriciels entre la vessie et l'urètre se sont trop resserrés.

Cela rend les mictions difficiles (jet urinaire faible et incontinence parfois) et, dans certains cas, douloureuses. Heureusement, il s'agit d'une complication généralement mineure et qui se règle par une intervention endoscopique (une dilatation et/ou une incision des tissus cicatriciels) pratiquée le plus souvent sous anesthésie. Les solutions aux problèmes de dysfonctionnement érectile et d'incontinence sont traitées en détail au chapitre 6.

Pour réduire les risques de complications de la prostatectomie radicale

Il faut savoir que la convalescence se déroule mieux et peut être moins longue pour les hommes qui sont en bonne forme physique, qui ont un poids santé et qui ne fument pas. Pour se mettre en forme avant l'opération, il est indiqué de s'adonner à une activité physique régulière (en discuter avec son médecin avant). Faire une demi-heure de marche tous les jours suffit amplement : cela aide à développer la résistance physique et à perdre quelques kilos superflus.

Pour réduire le risque d'incontinence urinaire permanente, on recommande de faire, après l'opération, des exercices pubococcygiens (contraction des muscles du périnée) qu'on appelle « exercices de Kegel ». Il s'agit de contracter ces muscles pendant 2 à 5 secondes et de les relâcher tout en continuant à respirer normalement. Il est facile de situer les muscles du périnée : ce sont les muscles qui se resserrent lorsqu'on se retient d'uriner. On peut faire ces exercices debout, assis, couché, n'importe où, n'importe quand. On peut commencer à s'entraîner avant l'opération pour s'habituer à les faire et continuer pendant toute la convalescence. Soulignons toutefois que ces exercices ne peuvent pas prévenir l'incontinence. Il est aussi possible de procéder à des exercices de rééducation périnéale. Il s'agit d'exercices semblables aux exercices de Kegel, mais effectués en présence d'un physiothérapeute. Ce dernier pourra utiliser des techniques de biofeedback, des techniques d'électrostimulation ou des techniques manuelles (exercices contre résistance par le thérapeute). La rééducation périnéale donne de meilleurs résultats à court terme que les exercices de Kegel, mais elle doit habituellement être poursuivie pour continuer à être efficace.

En respirant profondément et en toussant, on parvient à éviter la pneumonie, qui est une des complications propres à toute chirurgie. On peut commencer à le faire dès qu'on sort de l'opération. Il suffit de prendre une profonde inspiration, de la retenir cinq secondes avant d'expirer en vidant complètement les poumons. Tousser aide à déloger les sécrétions qui pourraient s'être accumulées à cause de la respiration artificielle durant l'opération. Il est recommandé de faire ces petits exercices plusieurs fois par jour jusqu'à la sortie de l'hôpital.

Quand le patient retourne chez lui, on lui conseille d'avoir une alimentation équilibrée (pour aider l'organisme à se remettre de l'anesthésie et de la chirurgie) et d'examiner sa plaie tous les jours (pour déceler d'éventuelles rougeurs ou des suintements).

Les résultats et le suivi médical de la prostatectomie radicale

Il est impossible de donner un taux de réussite général de la prostatectomie radicale. Ce taux varie en fonction de chaque cas parce qu'il faut tenir compte du grade réel de la tumeur (celui qu'on a effectivement constaté lors de l'opération), de son stade de dissémination et du taux d'APS avant le traitement. Moins ces données sont élevées, meilleures sont les chances que le patient soit définitivement tiré d'affaire.

Par exemple, avec un score de 6 (grades 3 + 3 sur l'échelle de Gleason), un stade T1 et un taux d'APS de 8, les chances de guérison atteignent 90 %. Par contre, si le score est de 7 (grades 4 + 3 sur l'échelle de Gleason), le stade T2 et le taux d'APS de 10, le risque de récidive augmente. En fait, il pourrait rester des cellules isolées dans l'espace qu'occupait la prostate. Elles pourraient donc un jour ou l'autre se développer et former une récidive locale de la tumeur.

Par ailleurs, il arrive que l'on découvre, après l'opération, que le cancer a dépassé la capsule (l'enveloppe de la prostate) ou que les marges sont positives (le cancer a dépassé les limites du tissu enlevé). Dans ce cas, le stade de la tumeur est plus élevé que ce qu'on pensait avant l'opération et le risque de récidive est plus important.

Pour réduire les risques de récidive (locale ou ailleurs dans l'organisme), le médecin peut suggérer d'ajouter un autre traitement (radiothérapie et/ou hormonothérapie) après la prostatectomie.

Environ un mois après l'opération, le patient retourne chez son médecin pour un examen de contrôle. C'est souvent lors de cette rencontre qu'on lui prescrit un médicament pour l'aider à retrouver sa capacité érectile (*voir chapitre 6*). Pendant quatre à six semaines après l'opération, le patient doit éviter de faire des efforts physiques (soulever des objets lourds, par exemple).

Le patient continue ensuite d'être suivi régulièrement par son médecin, tous les trois à six mois, selon le cas. Si tout va bien après deux à trois ans, on passe à un suivi annuel. Le médecin fait chaque fois un dosage de l'APS puisque c'est le test qui prédit le mieux le risque de récidive du cancer de la prostate. Il fait aussi parfois un toucher rectal. Après l'opération, le taux d'APS devrait être indécelable puisqu'il n'y a plus de prostate pour produire l'antigène. Si le taux augmente, c'est qu'on est probablement en présence d'une récidive. Le cas échéant, la radiothérapie et/ou l'hormonothérapie pourront être prescrites.

À chaque consultation, une prise de sang permet au médecin de surveiller le taux d'APS. Il évalue trois paramètres : si le taux d'APS augmente, combien de temps après l'opération cela s'est-il produit ? Et combien de temps faut-il à ce taux pour doubler (c'est sa vélocité) ? Plus ces périodes sont courtes, plus le risque de récidive est grand et plus cette récidive sera agressive. Par exemple, un taux d'APS qui recommence à monter huit mois après l'opération et qui double en six mois est beaucoup plus inquiétant qu'un taux d'APS qui commence à grimper trois ans après la chirurgie et qui met un an à doubler.

Après cinq ans sans récidive (c'est la période de rémission), le risque de récidive est très faible.

TÉMOIGNAGES

Prénom : William	**Âge :** 71 ans

Profession : comptable à la retraite

À 71 ans, William est toujours aussi alerte et en bonne forme (aucun problème médical connu). Il est atteint d'un cancer de la prostate localisé de score 7 (grades 3 + 4 sur l'échelle de Gleason) et de stade T2, et son taux d'APS est de 10. Le médecin l'interroge sur ses antécédents familiaux et, lorsqu'il apprend que les parents de William sont décédés à 98 et 99 ans, il estime que son patient a sûrement, lui aussi, de belles années devant lui. Il lui propose donc les trois options de traitement (la surveillance active, la prostatectomie radicale et la radiothérapie) en lui expliquant les avantages et les inconvénients de chacune. William opte pour la prostatectomie radicale afin de maximiser ses chances de guérison à long terme.

Prénom : Jean-Michel	**Âge :** 67 ans

Profession : professeur de mathématiques à la retraite

Jean-Michel a 67 ans et il est divorcé. Le médecin lui apprend qu'il souffre d'un cancer de score 7 (grades 3 + 4 sur l'échelle de Gleason), de stade T2 et qu'il a un APS de 8 ng/mL. Selon les tables de Partin, il y a 46 % de risque que le cancer ait débordé de la prostate, mais seulement 9 % de risque qu'il ait atteint les vésicules séminales et 2 % qu'il affecte les ganglions pelviens. Cependant, comme le risque de débordement de la prostate est plutôt élevé, Jean-Michel apprend que, en plus de la chirurgie, il aura peut-être besoin d'autres traitements. Le médecin lui dit aussi qu'il n'enlèvera pas les ganglions, car le risque qu'ils soient affectés est faible. Enfin, les nomogrammes de Kattan lui apprennent que son risque de récidive est de 15 % après cinq ans. Ce qui signifie que Jean-Michel a 85 % de chances de guérir sans avoir besoin d'autre chose que de la chirurgie.

LA RADIOTHÉRAPIE

La radiothérapie externe

La radiothérapie externe vise à détruire les cellules cancéreuses de la prostate en les exposant à des rayons ionisants (radioactifs). On l'utilise lorsque le cancer est limité à la prostate et les résultats sont souvent très bons. Lorsque le cancer semble agressif, on peut prescrire une hormonothérapie (*voir « L'hormonothérapie » plus loin dans ce chapitre*) dans les mois qui précèdent et qui suivent la radiothérapie.

Les bienfaits que procurent les rayons ionisants ne sont pas immédiats, mais graduels, parce qu'ils dépendent de l'effet cumulé des séances de traitement. Puisque la mort cellulaire continue plusieurs mois après la fin de la radiothérapie, il faut bien souvent attendre un an après le début des traitements pour évaluer les résultats. La radiothérapie est devenue beaucoup plus précise ces dernières années et on la qualifie maintenant de « radiothérapie conformationnelle tridimensionnelle » ou « radiothérapie conformationnelle avec modulation d'intensité (RCMI) ». C'est le traitement standard, pratiqué dans la plupart des centres de traitement.

On utilise de puissants ordinateurs et tomographes (CT-scan) qui repèrent la prostate avec plus d'exactitude et en donnent une image en trois dimensions. Cela permet d'administrer les rayons avec beaucoup plus de précision, ce qui maximise l'effet sur les cellules cancéreuses et réduit les conséquences de l'irradiation sur les tissus environnants. Les fins faisceaux de rayons ionisants sont dirigés vers le bas-ventre pour atteindre la prostate et les vésicules séminales. C'est souvent dans les vésicules que les cellules cancéreuses migrent en premier et on cherche à éviter d'y laisser des cellules cancéreuses.

L'irradiation – qui est généralement indolore – ne dure que de deux à quatre minutes. Elle ne nécessite pas d'anesthésie locale ou générale. En fait, pour le patient, cela ressemble un peu à des examens de radiographie (rayons X). En général, cette radiothérapie externe se compose d'environ 35 séances, à raison de cinq jours par semaine pendant sept semaines (*Figure* ❸). Il n'y a pas d'hospitalisation. Comme les rencontres sont très fréquentes, on fait des marques sur la région à irradier, des sortes de petits tatouages qui durent le temps du traitement. Actuellement, des chercheurs étudient la possibilité et l'efficacité d'un traitement qui se ferait en deux fois moins de séances, mais à des doses plus fortes.

L'irradiation est très précise, mais il est presque impossible de ne pas toucher les nerfs érectiles et les cellules saines qui sont situées à proximité de la prostate (cellules du rectum et de la vessie). C'est pour éviter le plus possible de les endommager que la radiothérapie est appliquée à faibles doses et qu'on procède à plusieurs traitements (on veut aussi éviter le plus de complications possible). Ainsi, les cellules saines peuvent récupérer et survivre, tandis que les autres finissent par disparaître. L'urètre, qui traverse la prostate, est composé d'un tissu extrêmement résistant, de sorte qu'il est peu affecté par la radiothérapie.

Les effets secondaires de la radiothérapie externe
La radiothérapie externe peut avoir divers effets secondaires : fatigue (de nombreux patients ont besoin de faire une sieste dans la journée), réactions cutanées dans la région pubienne (rougeurs) et perte de poils aux endroits touchés par le faisceau de rayons. Le patient ne perd pas de poils ailleurs et il ne perd pas ses cheveux non plus.

Parce que la radiothérapie finit par affecter la vessie et le rectum, qui sont accolés à la prostate, certains hommes ont de fréquentes envies d'uriner – qui les forcent à se lever la nuit –, des envies urgentes, du sang dans les urines et une sensation de brûlure à la miction. Ils peuvent aussi souffrir de diarrhée, d'irritation anale ou de saignements rectaux. Certains médicaments peuvent être prescrits pour aider à régler ces problèmes.

La plupart des effets secondaires disparaissent progressivement dans l'année qui suit la fin du traitement.

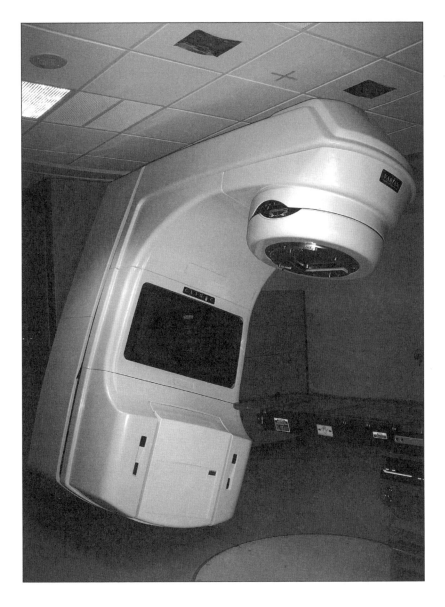

❸ Appareil de radiothérapie externe

Les complications à long terme de la radiothérapie externe

Il arrive parfois que les fonctions intestinale et urinaire ne reviennent pas à la normale à la fin du traitement. Cela se produit chez 5 % à 10 % des hommes. Certains médicaments (comme la cortisone, qui permet de réduire l'inflammation du rectum) et les relaxants musculaires peuvent parfois soulager.

En outre, chez 40 % à 60 % des hommes, les rayons ionisants causent un dysfonctionnement érectile permanent. Cependant, contrairement aux autres effets secondaires, le trouble de l'érection apparaît progressivement plusieurs mois (parfois même jusqu'à deux ans) après le traitement. Comme la mort des cellules est progressive, l'homme conserve sa capacité d'érection au début, mais celle-ci diminuera avec le temps. Il existe toutefois des solutions pour lui permettre d'avoir des érections et de retrouver une vie sexuelle satisfaisante (*voir chapitre 6*).

LE PÉNIS RÉTRÉCIT-IL RÉELLEMENT ?

Certains hommes ont l'impression que la prostatectomie radicale ou la radiothérapie externe ont fait rétrécir leur pénis. Il semble que ce ne soit pas vraiment le cas. Cette impression résulte peut-être du fait que, s'il reste longtemps sans érection, le pénis peut se rétracter faute d'afflux sanguin. D'ailleurs, pour éviter que le manque de sang et d'oxygène ne cause une fibrose (un durcissement) des tissus péniens, on incite les hommes à avoir des érections le plus tôt possible après l'opération ou pendant et après leur traitement de radiothérapie. Cela augmente les chances de retrouver une capacité d'érection naturelle. Certaines études récentes suggèrent d'ailleurs d'utiliser des médicaments comme le Cialis, le Levitra ou le Viagra de façon continue très tôt après la chirurgie, pour accélérer la récupération des érections et réduire le risque de voir le pénis rétrécir.

Par ailleurs, comme la radiothérapie a « desséché » la prostate, il se peut qu'elle ne produise plus les substances qui composent le sperme et nourrissent les spermatozoïdes (*voir « Les fonctions de la prostate », chapitre 1*). Les patients peuvent s'attendre à une diminution importante de l'éjaculat et ils deviennent généralement infertiles. Soulignons que l'orgasme (sensation de jouissance) n'est pas affecté, car il est contrôlé par d'autres nerfs, situés loin de la prostate. La libido aussi sera préservée, à moins que le patient n'ait suivi une hormonothérapie (*voir « L'hormonothérapie », plus loin dans ce chapitre*).

Les résultats et le suivi médical de la radiothérapie externe

Comme pour la prostatectomie radicale, il est impossible d'établir un taux de réussite général avec la radiothérapie. Cela varie en fonction de chaque cas parce qu'il faut tenir compte du grade diagnostiqué de la tumeur, de son stade de dissémination et du taux d'APS avant le traitement. Moins ces données sont élevées, meilleures sont les chances que le patient soit définitivement tiré d'affaire.

Ainsi, on considère qu'un homme dont le taux d'APS est inférieur à 10 ng/mL, qui a un score de 6 (grades de 3 + 3 sur l'échelle de Gleason) et un stade T1 ou T2 est peu susceptible d'avoir une récidive, tandis que celui qui présente soit un taux d'APS supérieur à 20, soit un score de 8 et plus sur l'échelle de Gleason, soit un stade T3 sera considéré comme étant à risque élevé de récidive locale ou ailleurs dans l'organisme (il suffit qu'il présente une de ces trois caractéristiques avant le traitement). D'emblée, le médecin pourra lui recommander une hormonothérapie avant et/ou après le traitement.

Le toucher rectal et le dosage de l'antigène prostatique spécifique (APS), effectués régulièrement – tous les trois à six mois –, permettent au médecin de surveiller l'état de son patient. Le taux d'APS devrait commencer à diminuer dans les mois qui suivent le début du traitement. Il arrive que ce taux continue de baisser un an après le traitement. Plus le taux chute, meilleures sont les chances que le cancer soit maîtrisé.

Avec la radiothérapie, on ne s'attend pas à ce que le taux d'APS tombe à 0 ng/mL puisqu'il est pratiquement impossible de détruire 100 % des cellules prostatiques. D'ordinaire, le taux d'APS descend à moins de 1 ng/mL et s'y maintient.

Si le taux d'APS se met à monter, le médecin surveillera combien de temps il lui faut pour doubler. Plus cette période est courte, plus les risques d'une récidive sont élevés et plus cette récidive sera agressive.

Lorsque le patient commencera à éprouver des troubles de l'érection, le médecin lui prescrira un médicament lui permettant de retrouver sa capacité érectile (*voir chapitre 6*).

Le patient est suivi pendant au moins cinq ans après son traitement de radiothérapie. Après cinq années sans récidive, si tout va bien, on passe à un suivi annuel. Les risques que le cancer revienne sont alors faibles.

La brachythérapie (implants radioactifs permanents ou temporaires)

La radiothérapie peut être pratiquée autrement que par des rayons radioactifs extérieurs. Avec la brachythérapie, le rayonnement est émis à partir de petits grains radioactifs (de la taille de grains de riz) qui sont insérés directement dans la prostate (*Figure* ❹). La brachythérapie est surtout efficace lorsque le cancer n'est pas trop agressif : taux d'APS de moins de 10, score de 6 ou moins (grades de 3 + 3 sur l'échelle de Gleason), stade T1 ou T2 (noter que toutes ces conditions doivent être réunies pour obtenir les meilleurs résultats).

Il faut aussi que la prostate ne soit pas trop volumineuse, car le traitement la fait grossir temporairement et cela risquerait de comprimer l'urètre (le patient serait alors incapable d'uriner et ressentirait des malaises importants). Il arrive que le médecin prescrive une hormonothérapie provisoire avant l'intervention (pendant trois mois environ) dans le but de réduire la taille de la prostate (*voir « L'hormonothérapie », plus loin dans ce chapitre*). En outre, le patient ne doit pas non plus présenter de symptômes importants de prostatisme (liés à une obstruction de la vessie par la prostate [*voir chapitre 1*]), parce que ces symptômes empireraient.

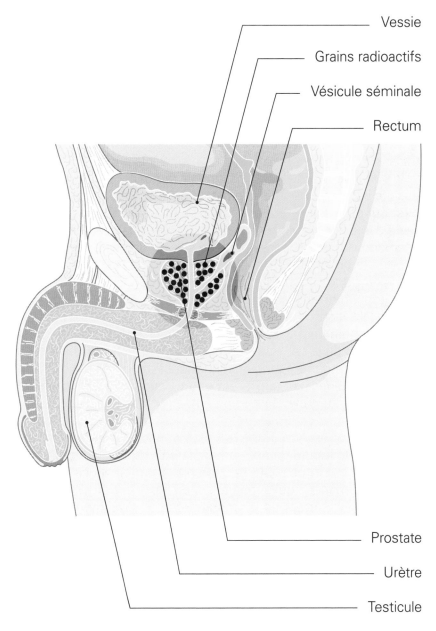

Vessie

Grains radioactifs

Vésicule séminale

Rectum

Prostate

Urètre

Testicule

❹ La brachythérapie

Le principal avantage de la brachythérapie, c'est qu'elle nécessite beaucoup moins de visites à l'hôpital et qu'elle permet une récupération plus rapide. Alors que la radiothérapie externe exige une trentaine de traitements, la brachythérapie est un traitement qui se fait en une seule journée. De plus, il n'y a pas de période de convalescence ou de stress opératoire, comme avec la prostatectomie radicale.

Le médecin soumet d'abord le patient à une échographie transrectale (*voir chapitre 3*) afin de bien voir la prostate pour pouvoir placer correctement les grains radioactifs. On introduit ensuite ces derniers dans la prostate en passant à travers le périnée, qui est situé entre les testicules et l'anus. On les insère à l'aide d'une tige de plomb afin de conserver la radioactivité. Cette intervention chirurgicale se pratique sous anesthésie générale ou péridurale (anesthésie de la taille aux pieds). De rares centres proposent une anesthésie locale, mais beaucoup de patients la jugent inconfortable. En général, la brachythérapie n'exige pas d'hospitalisation.

Le nombre de grains radioactifs qui sont insérés dans la prostate dépend de la taille de la glande. Il faut en effet qu'il y ait des grains partout dans la prostate pour que la radiothérapie soit efficace. Les médecins en insèrent en moyenne une cinquantaine. Ces grains sont cependant trop petits pour que le patient puisse les sentir.

Les grains émettent une radiation pendant un certain temps seulement (moins d'un an, en général). Ils restent à vie dans la prostate (il est impossible de les enlever), mais ils ne causent aucun dommage. Soulignons aussi qu'il est extrêmement rare que les grains sortent de la prostate et que la brachythérapie ne rend pas le patient radioactif.

En Amérique du Nord, la brachythérapie est de plus en plus pratiquée parce que c'est un traitement moins exigeant que la radiothérapie traditionnelle et moins éprouvant que la prostatectomie radicale. Néanmoins, elle n'est indiquée que lorsque le cancer n'est pas agressif et on ne la propose pas dans tous les centres de traitement (elle coûte très cher). Cela dit, on ne sait pas encore vraiment si elle est aussi efficace que la radiothérapie externe ou la prostatectomie radicale.

Autre forme de brachythérapie : la brachythérapie temporaire à haut débit de dose. Dans ce cas, des fines tiges sont insérées dans la prostate un peu de la même façon que les graines radio-actives, mais on ne les laisse en place que le temps d'y envoyer de une à trois fortes doses de rayonnement. Cela s'ajoute à la radiothérapie externe de courte durée et permet d'administrer une plus forte dose de radiation (au total) en moins de temps et sans avoir plus d'effets secondaires. Des études sont en cours pour déterminer si cette technique donne de meilleurs résultats en matière de maîtrise du cancer chez les patients à risque élevé de récidive.

Les effets secondaires de la brachythérapie

La prostate ayant été percée à plusieurs reprises, ce traitement la fait enfler. Cela peut causer des problèmes de miction (douleurs à la miction, besoin urgent d'uriner, difficulté à uriner, sensation de brûlure) et parfois même un blocage complet des urines. Si ce blocage se produit malgré les médicaments pour prévenir ce problème, on installe temporairement une sonde urinaire qui permettra de vider la vessie. En général, ces symptômes s'estompent avec le temps. Certains médicaments peuvent aider à limiter les autres effets secondaires urinaires.

La brachythérapie entraîne des effets secondaires supplémentaires : diarrhée, irritation anale, saignements rectaux. Ces effets durent en moyenne trois à quatre mois et le médecin peut prescrire des médicaments pour tenter de les soulager.

La fatigue, les réactions cutanées dans la région pubienne et la perte de poils sont beaucoup moins prononcées qu'avec la radiothérapie externe.

Les complications à long terme de la brachythérapie

La brachythérapie entraîne un dysfonctionnement érectile permanent chez 20 % à 50 % des hommes. Et, comme pour la radiothérapie conventionnelle, les troubles de l'érection ne commencent pas immédiatement, mais dans les mois qui suivent. Le médecin peut alors prescrire un médicament afin que le patient retrouve sa capacité érectile (*voir chapitre 6*).

Par ailleurs, comme la radiothérapie externe, la brachythérapie « dessèche » la prostate. Celle-ci ne peut donc plus produire de substances qui composent le sperme et nourrissent les spermatozoïdes (*voir chapitre 1*). Les hommes peuvent s'attendre à une diminution importante de l'éjaculat et ils deviennent habituellement infertiles. Cela dit, l'orgasme (sensation de jouissance) n'est pas affecté, car il est contrôlé par des nerfs situés loin de la prostate. La libido aussi sera préservée, à moins que le patient n'ait suivi une hormonothérapie (*voir « L'hormonothérapie », plus loin dans ce chapitre*).

Enfin, la brachythérapie n'entraîne que très rarement de l'incontinence urinaire à long terme.

Les problèmes érectiles et urinaires sont traités en détail au chapitre 6.

Les résultats et le suivi médical de la brachythérapie
Comme pour les autres formes de traitement, il est impossible d'établir un taux de réussite général avec la brachythérapie. Ce taux est différent pour chaque individu parce qu'il faut tenir compte du grade diagnostiqué de la tumeur, de son stade de dissémination et du taux d'APS avant le traitement. Moins ces données sont élevées, meilleures sont les chances que le patient soit définitivement tiré d'affaire.

Un toucher rectal et le dosage de l'antigène prostatique spécifique (APS), effectués régulièrement – tous les trois à six mois –, permettent au médecin de surveiller l'état du patient. Le taux d'APS devrait commencer à diminuer dans les mois qui suivent le début du traitement. Il arrive que le taux continue à baisser un an après le traitement. Plus le taux chute, meilleures sont les chances que le cancer soit maîtrisé. Après cinq ans, si tout va bien, on passe à un suivi annuel.

Si le taux d'APS se met à remonter, le médecin surveillera combien de temps il lui faut pour doubler. Plus cette période est courte, plus les risques d'une récidive sont élevés et plus cette récidive sera agressive. Par contre, comme la brachythérapie est pratiquée sur des hommes souffrant d'un cancer qui ne semble pas agressif, on estime que le risque de récidive est plutôt faible.

Les résultats à long terme de la brachythérapie sont moins bien connus que ceux de la radiothérapie externe et de la prostatectomie radicale, car s'agit d'une technique plus récente.

LA BRACHYTHÉRAPIE À HAUT DÉBIT DE DOSE

C'est une autre forme de brachythérapie, dans laquelle les doses de radiothérapie sont beaucoup plus élevées et dont l'élément radioactif n'est laissé que temporairement dans la prostate.

L'intervention chirurgicale est pratiquée sous anesthésie générale ou régionale et elle est similaire à celle de la brachythérapie standard, à la différence que ce ne sont pas des grains permanents que l'on insère dans la prostate. Lorsque le patient est sous anesthésie, on introduit des tiges dans sa prostate en passant par le périnée (on en insère entre 12 et 15 en moyenne). On transfère ensuite le patient dans une salle spéciale et on envoie des ondes radioactives dans les tiges. Une fois la dose atteinte, on retire les tiges.

La brachythérapie à haut débit de dose n'est pas utilisée comme traitement unique (il ne serait pas aussi efficace), mais des études sont en cours pour déterminer si elle pourrait améliorer le taux de guérison lorsqu'on la jumelle à la radiothérapie externe. Elle permet de réduire de moitié le nombre de traitements de radiothérapie conventionnelle, mais on ne connaît pas encore son efficacité ni ses effets secondaires à long terme. Ses effets à court terme sont très semblables à ceux de la radiothérapie externe.

TÉMOIGNAGES

Prénom: Yvon	**Âge:** 73 ans

Profession: journaliste retraité

Yvon a déjà subi un pontage coronarien. Son cancer de la prostate semble assez agressif : score 8 (grades 4 + 4 sur l'échelle de Gleason), stade T2 et taux d'APS de 20.

Il désire un traitement qui permettra de maîtriser sa maladie et d'espérer une guérison. Étant donné son âge et ses antécédents cardiaques, on décide de ne pas recourir à la chirurgie, mais plutôt à la radiothérapie. En outre, l'ajout d'hormones pendant deux ou trois ans permettra une meilleure maîtrise à long terme de ce cancer agressif et augmentera les chances de survie.

Prénom: Michel	**Âge:** 56 ans

Profession: postier

Michel est en excellente forme. Il souffre néanmoins d'un cancer de la prostate localisé plutôt agressif : score 7 (grades 3 + 4 sur l'échelle de Gleason), stade T1 et taux d'APS de 9. Son médecin lui suggère la prostatectomie radicale et lui dit qu'il aura peut-être aussi besoin de traitements de radiothérapie, selon ce qu'on découvrira lors de l'opération.

Michel n'hésite pas : il est sur le point d'être grand-père pour la première fois et il veut voir grandir ses petits-enfants. Il est conscient des effets secondaires et des complications du traitement, mais il estime que c'est un prix bien peu élevé pour pouvoir profiter encore longtemps de sa vie de famille.

LES THÉRAPIES FOCALES

Habituellement, on propose aux hommes présentant un cancer localisé de la prostate soit la surveillance active, soit un traitement chirurgical et/ou par irradiation. Bien que le traitement chirurgical et l'irradiation affichent un taux de survie comparable à long terme, ces traitements peuvent être associés à une morbidité importante, comme des problèmes d'incontinence et de dysfonctionnement érectile. Par ailleurs, la surveillance active n'est pas toujours acceptable pour les hommes atteints du cancer de la prostate et leurs médecins. La thérapie focale, qui est moins invasive, est une option intermédiaire entre ces deux choix.

Deux techniques de thérapie focale sont actuellement évaluées de façon plus approfondie : la cryothérapie et le traitement par ultrasons focalisés de haute intensité (UFHI/HIFU). Mais pour l'instant, ni l'une ni l'autre de ces techniques ne peut être considérée comme une solution de rechange viable aux options de traitement standard du cancer de la prostate.

La cryothérapie

Une nouvelle solution de rechange à la chirurgie et à l'irradiation est utilisée dans certains centres de soins canadiens : la cryothérapie, qui consiste à appliquer un froid extrême pour détruire les cellules cancéreuses de la prostate. Cette intervention s'effectue à travers le périnée (entre les testicules et l'anus), comme pour la brachythérapie. Des sondes-aiguilles sont insérées dans la prostate et on y applique une température extrêmement basse qui provoque la mort des cellules.

Jusqu'ici, les résultats sont encourageants dans les cas où la radiothérapie n'a pas donné de bons résultats pour maîtriser le cancer et si on pense que le problème persiste. Mais depuis peu, cette technique est devenue une alternative possible pour certains patients. Bien qu'il soit beaucoup trop tôt pour juger de l'efficacité à long terme de ce traitement, les résultats à court terme semblent être comparables à ceux des traitements de radiothérapie externe chez certains patients. L'avenir nous dira si ce type de traitement deviendra une nouvelle option pour les patients atteints d'un cancer de la prostate localisé.

Les risques de complications de la cryoablation sont le dysfonctionnement érectile, l'incontinence et une lésion rectale.

Le traitement par ultrasons focalisés de haute intensité (UFHI/HIFU)

Le traitement par ultrasons focalisés de haute intensité (UFHI – HIFU) est une procédure consistant à placer dans le rectum une sonde qui émet un faisceau d'ultrasons convergents de haute intensité qui génère une élévation de température et détruit les cellules. Le traitement se fait généralement en une à trois heures, selon la taille de la prostate.

Le traitement par UFHI est utilisé depuis plusieurs années en Europe et il est disponible au Canada. Il n'est cependant pas appliqué aux États-Unis parce que la FDA (Food and Drugs Administration) n'a pas pris de décision quant à la sécurité ou l'efficacité des UFHI pour le traitement du cancer de la prostate. On s'intéresse de plus en plus à cette procédure et des études sont en cours pour déterminer son efficacité et quels patients sont les plus susceptibles d'en bénéficier.

L'HORMONOTHÉRAPIE

Il arrive qu'une hormonothérapie soit recommandée quelques mois (de trois à huit mois) avant une radiothérapie externe ou une brachythérapie pour réduire la taille de la tumeur. Cela la rend plus facile à irradier. C'est ce qu'on appelle une « hormonothérapie néoadjuvante ». Certains médecins prescrivent une telle hormonothérapie avant la prostatectomie radicale (afin qu'il soit plus facile d'enlever toute la prostate), ce traitement a fait l'objet d'études et on ne croit pas qu'il augmente réellement les chances de guérison.

L'hormonothérapie dite « adjuvante » est celle que l'on administre après une radiothérapie ou après une prostatectomie radicale. Le médecin y a recours lorsqu'il estime (en raison du grade, du stade et du taux d'APS) que des cellules cancéreuses peuvent être disséminées dans l'organisme. Cela ne signifie pas que le patient a des métastases, mais qu'il y a risque de récidive si des cellules isolées, souvent indécelables, demeurent dans l'organisme. En effet, le traitement initial ne tue pas les cellules qui sont sorties de la prostate. Il vaut donc mieux les annihiler rapidement au moyen d'une hormonothérapie qui agit dans l'ensemble du corps. L'hormonothérapie adjuvante peut durer entre un et trois ans.

Pour faire une hormonothérapie néoadjuvante ou adjuvante, le médecin administre surtout des analogues (ou antagonistes) de la LH-RH (*luteinizing hormone-releasing hormone* en anglais, soit hormone de libération de la gonadotrophine en français). Ce sont des composés synthétiques qui imitent la LH-RH produite par l'organisme. Ces médicaments empêchent les testicules de produire de la testostérone. On sait que la testostérone « nourrit » le cancer de la prostate (*voir chapitre 2*). En faisant cesser la production de testostérone, on réduit la taille de la tumeur et de la prostate. Le médicament est administré par injections régulières.

À elle seule, l'hormonothérapie ne guérit pas le cancer, mais elle peut ralentir l'évolution de la maladie et suffire chez certains patients, notamment ceux dont l'espérance de vie est moins longue.

Il n'existe pas pour l'instant de consensus sur l'utilisation idéale de l'hormonothérapie pour les cancers de la prostate localisés, car son usage dans ce type de cancer est très récent (il date des années 1990). Cela dit, il est bien établi que les cancers localement avancés (score de 8 et plus sur l'échelle de Gleason, stade T3 et/ou taux d'APS de 20 ng/mL et plus) justifient une hormonothérapie lorsqu'on envisage une radiothérapie. Hormis ces cas, cependant, les données scientifiques ne permettent pas encore d'établir avec précision son efficacité ni de déterminer exactement à qui il faut la prescrire, à quelle étape du traitement et combien de temps elle doit durer. En l'absence de ces paramètres, les médecins se fient à leur jugement. Il est fort probable que d'ici quelques années la science aura fait des progrès dans ce domaine.

En présence de métastases ganglionnaires (découvertes lors de l'opération ou estimées à l'aide des tables prédictives), la prostatectomie radicale et la radiothérapie ne suffisent généralement pas. L'hormonothérapie à plus long terme est alors indiquée pour permettre de maîtriser la maladie dans tout l'organisme (*voir chapitre 5*).

Les effets secondaires de l'hormonothérapie

L'hormonothérapie entraîne indirectement un dysfonctionnement érectile. En fait, elle cause une baisse de la libido dès les premières semaines (en raison d'une chute du taux de testostérone). En l'absence de libido, le patient aura beaucoup plus de difficulté à avoir une érection. Les médicaments qui facilitent l'érection ne sont pas d'un grand secours lorsqu'il n'y a plus de libido.

L'hormonothérapie peut souvent causer des bouffées de chaleur, de l'anémie, de la fatigue, des changements d'humeur, une augmentation du poids et une perte de masse musculaire. Certains patients vont constater un développement des seins. Les médecins peuvent prescrire des médicaments pour essayer de réduire l'intensité des bouffées de chaleur, mais il n'y a pas de traitements éprouvés pour maîtriser les autres effets secondaires.

Si l'hormonothérapie ne dure pas trop longtemps (moins d'un an), les effets secondaires disparaissent dans la plupart des cas et la libido revient. L'augmentation mammaire ne se résorbe pas, mais elle cesse d'évoluer.

Les complications à long terme de l'hormonothérapie

Plus l'hormonothérapie dure longtemps, plus ses effets secondaires risquent d'être permanents. En outre, on constate une perte de la masse osseuse (ostéoporose) après un an de traitement. Certains médicaments peuvent être prescrits pour prévenir cette complication ou pour tenter de la traiter. Après deux ans, un certain nombre de patients doivent s'habituer à vivre définitivement avec les effets secondaires, y compris la perte de libido. Cependant, la plupart des hommes les acceptent très bien puisque ce traitement ralentit la progression de la maladie et leur ajoute des années de vie.

Des études ont récemment permis de penser que l'hormonothérapie est susceptible d'accroître le risque de développer un diabète et peut-être même une maladie cardiaque. Bien que cela n'ait pas été clairement démontré, on doit en tenir compte quand on soupèse les avantages et les inconvénients de l'hormonothérapie. Dans la plupart des cas à risque élevé, les avantages de l'hormonothérapie l'emportent sur les inconvénients.

Les résultats et le suivi médical de l'hormonothérapie

Le dosage de l'antigène prostatique spécifique (APS), effectué régulièrement – tous les trois à six mois – et, occasionnellement, le toucher rectal, permettent au médecin de surveiller l'état du patient. Plus le taux chute, meilleures sont les chances que la maladie soit maîtrisée. Toutefois, on ne visera pas tant un taux d'APS de 0 ng/mL qu'une stabilisation de ce taux (si le patient a aussi subi une prostatectomie radicale, l'APS devrait être indécelable). Tant qu'il reste stable, tout va bien.

Si le taux d'APS se remet à monter, le médecin surveillera combien de temps il lui faut pour doubler. Plus cette période sera courte, plus le risque de récidive sera élevé et plus cette récidive sera agressive. Le cancer de la prostate sera alors devenu un cancer résistant à la castration (connu autrefois comme hormono-réfractaire). Le cas échéant, il faut se tourner vers les traitements abordés dans le chapitre suivant.

TÉMOIGNAGE

Prénom: Réal	**Âge:** 55 ans

Profession: électricien

Réal est marié et il travaille comme électricien pour une grande entreprise. Il est atteint d'un cancer de score 8 (grades 4 + 4 sur l'échelle de Gleason), de stade T3 et son taux d'APS est de 15 ng/mL. Les tables de Partin indiquent au médecin qu'il y a seulement 6 % de chances que le cancer soit encore limité à la prostate et qu'il y a 26 % de risque que les ganglions pelviens soient atteints. Réal envisage la radiothérapie. Avant d'aller plus loin, cependant, le médecin décide de procéder à une lymphadénectomie pelvienne afin d'analyser les ganglions, car la probabilité qu'ils soient touchés est assez élevée. Le pathologiste découvre effectivement des métastases. Quant aux nomogrammes de Kattan, ils indiquent qu'il y a 85 % de risque que le cancer réapparaisse dans les cinq ans.

Du fait de la présence de métastases dans les ganglions, la radiothérapie ou la chirurgie seules ne seront probablement pas suffisantes pour guérir le cancer. Réal et son médecin décident d'entreprendre une radiothérapie en plus d'une hormonothérapie pour chercher à maîtriser la maladie dans tout l'organisme. En commençant précocement l'hormonothérapie, avant l'apparition de métastases osseuses, les chances de Réal de survivre à la maladie sont nettement améliorées.

LES OUTILS PRÉDICTIFS

Les tables de Partin

À la fin des années 1990, le Dr Alan W. Partin, du Johns Hopkins Medical Center, aux États-Unis, a mis au point des tables (des échelles) qui aident à établir l'étendue du cancer localisé de la prostate au moment du diagnostic lorsqu'on envisage une prostatectomie radicale. Pour ce faire, il a recueilli des données sur des milliers de patients ayant subi une prostatectomie radicale et une lymphadénectomie pelvienne (ablation des ganglions [*voir chapitre 3*]).

Le Dr Partin a découvert qu'en combinant le grade de malignité selon l'échelle de Gleason, le stade (l'impression de l'étendue de la tumeur telle qu'elle est perçue lors du toucher rectal) et le taux d'antigène prostatique spécifique (plus il est élevé, plus le cancer risque d'être avancé), on peut évaluer plus sûrement où en est la maladie. Le médecin peut donc déjà avoir une bonne idée de ce qu'on trouvera lors de l'opération et de ce que serait le meilleur traitement possible.

Les tables de Partin servent aussi à évaluer le risque que les ganglions soient atteints. Cela peut aider à déterminer le protocole de l'opération. Ainsi, le médecin peut décider, avant d'aller plus loin, d'enlever les ganglions et de les faire analyser.

Les tables de Partin sont assez fiables et de nombreux médecins les utilisent. Bien sûr, le patient apprécie le fait de pouvoir se faire une idée précise de l'état de son cancer dès le diagnostic, mais ce qui lui importe avant tout, ce sont ses chances de guérison. Et cela, c'est avec les nomogrammes de Kattan qu'on peut le calculer.

TABLES DE PARTIN

Taux d'APS (ng/mL)	Stade pathologique	Score de Gleason à la suite d'une biopsie			
		5-6	3 + 4 = 7	4 + 3 = 7	8-10
Stade clinique T1c (tumeur non palpable, taux d'APS élevé)					
0-2,5	Tumeur limitée à la prostate	93 (91-95)*	82 (76-87)	73 (64-80)	77 (65-85)
	Extension extraprostatique	6 (5-8)	14 (10-18)	20 (14-28)	16 (11-24)
	Vésicule séminale**	0 (0-1)	2 (0-5)	2 (0-5)	3 (0-8)
	Ganglion (ou nœud) lymphatique**	0 (0-1)	2 (0-6)	4 (1-12)	3 (1-12)
2,6-4,0	Tumeur limitée à la prostate	88 (86-90)	72 (67-76)	61 (54-68)	66 (57-74)
	Extension extraprostatique	11 (10-13)	23 (19-27)	33 (27-39)	26 (19-34)
	Vésicule séminale	1 (0-1)	4 (2-7)	5 (2-8)	7 (3-13)
	Ganglion (ou nœud) lymphatique	0 (0-0)	1 (0-1)	1 (0-3)	1 (0-3)
4,1-6,0	Tumeur limitée à la prostate	83 (81-85)	63 (59-67)	51 (45-56)	55 (46-64)
	Extension extraprostatique	16 (14-17)	30 (26-33)	40 (34-45)	32 (25-40)
	Vésicule séminale	1 (1-1)	6 (4-8)	7 (4-10)	10 (6-15)
	Ganglion (ou nœud) lymphatique	0 (0-0)	2 (1-3)	3 (1-6)	3 (1-6)
6,1-10,0	Tumeur limitée à la prostate	81 (79-83)	59 (54-64)	47 (41-53)	51 (41-59)
	Extension extraprostatique	18 (16-19)	32 (27-36)	42 (36-47)	34 (26-42)
	Vésicule séminale	1 (1-2)	8 (6-11)	8 (5-12)	12 (8-19)
	Ganglion (ou nœud) lymphatique	0 (0-0)	1 (1-3)	3 (1-5)	3 (1-5)
>10,0	Tumeur limitée à la prostate	70 (66-74)	42 (37-48)	30 (25-36)	34 (26-42)
	Extension extraprostatique	27 (23-30)	40 (35-45)	48 (40-55)	39 (31-48)
	Vésicule séminale	2 (2-3)	12 (8-16)	11 (7-17)	17 (10-25)
	Ganglion (ou nœud) lymphatique	1 (0-1)	6 (3-9)	10 (5-17)	9 (4-17)
Stade clinique T2a (tumeur palpable sur moins de la moitié d'un lobe)					
0-2,5	Tumeur limitée à la prostate	88 (84-90)	70 (63-77)	58 (48-67)	63 (51-74)
	Extension extraprostatique	12 (9-15)	24 (18-30)	32 (24-41)	26 (18-36)
	Vésicule séminale	0 (0-1)	2 (0-6)	3 (0-7)	4 (0-10)
	Ganglion (ou nœud) lymphatique	0 (0-1)	3 (1-9)	7 (1-17)	6 (1-16)
2,6-4,0	Tumeur limitée à la prostate	79 (75-82)	57 (51-63)	45 (38-52)	50 (40-59)
	Extension extraprostatique	20 (17-24)	37 (31-42)	48 (40-55)	40 (30-50)
	Vésicule séminale	1 (0-1)	5 (3-9)	5 (3-10)	8 (4-15)
	Ganglion (ou nœud) lymphatique	0 (0-0)	1 (1-2)	2 (0-5)	2 (0-4)
4,1-6,0	Tumeur limitée à la prostate	71 (67-75)	47 (41-52)	34 (28-41)	39 (31-48)
	Extension extraprostatique	27 (23-31)	44 (39-49)	54 (47-60)	46 (37-54)
	Vésicule séminale	1 (1-2)	7 (4-10)	7 (4-11)	11 (6-17)
	Ganglion (ou nœud) lymphatique	0 (0-1)	2 (1-4)	5 (2-8)	4 (2-9)

Taux d'APS (ng/mL)	Stade pathologique	Score de Gleason à la suite d'une biopsie			
		5-6	3 + 4 = 7	4 + 3 = 7	8-10
6,1-10,0	Tumeur limitée à la prostate	68 (74-72)	43 (38-48)	31 (26-37)	36 (27-44)
	Extension extraprostatique	29 (26-33)	46 (41-51)	56 (49-62)	47 (37-56)
	Vésicule séminale	2 (1-3)	9 (6-13)	9 (5-14)	13 (8-20)
	Ganglion (ou nœud) lymphatique	0 (0-1)	2 (1-4)	4 (2-8)	4 (1-8)
>10,0	Tumeur limitée à la prostate	54 (49-60)	28 (23-33)	18 (14-23)	21 (15-28)
	Extension extraprostatique	41 (35-46)	52 (46-59)	57 (48-66)	49 (39-59)
	Vésicule séminale	3 (2-5)	12 (7-18)	11 (6-17)	17 (9-25)
	Ganglion (ou nœud) lymphatique	1 (0-3)	7 (3-14)	13 (6-24)	12 (5-22)

Stade clinique T2b (tumeur palpable sur plus de la moitié d'un lobe) ou T2c (palpable sur les deux lobes)

Taux d'APS (ng/mL)	Stade pathologique	5-6	3 + 4 = 7	4 + 3 = 7	8-10
0-2,5	Tumeur limitée à la prostate	84 (78-89)	59 (47-70)	44 (31-58)	49 (32-65)
	Extension extraprostatique	14 (9-19)	24 (16-33)	29 (19-42)	24 (14-36)
	Vésicule séminale	1 (0-3)	6 (0-14)	6 (0-14)	8 (0-21)
	Ganglion (ou nœud) lymphatique	1 (0-3)	10 (2-25)	19 (4-40)	17 (3-42)
2,6-4,0	Tumeur limitée à la prostate	74 (68-80)	47 (39-56)	36 (27-45)	39 (28-50)
	Extension extraprostatique	23 (18-29)	37 (28-45)	46 (36-55)	37 (27-48)
	Vésicule séminale	2 (0-5)	13 (7-21)	13 (7-22)	19 (9-32)
	Ganglion (ou nœud) lymphatique	0 (0-1)	3 (0-7)	5 (0-14)	4 (0-13)
4,1-6,0	Tumeur limitée à la prostate	66 (59-72)	36 (29-43)	25 (19-32)	27 (19-37)
	Extension extraprostatique	30 (24-36)	41 (33-47)	47 (38-55)	38 (28-48)
	Vésicule séminale	4 (2-6)	16 (10-23)	15 (9-23)	22 (13-33)
	Ganglion (ou nœud) lymphatique	1 (0-2)	7 (3-12)	13 (6-21)	11 (4-23)
6,1-10,0	Tumeur limitée à la prostate	62 (55-68)	32 (26-38)	22 (17-29)	24 (17-33)
	Extension extraprostatique	32 (26-38)	41 (33-49)	47 (38-56)	38 (29-48)
	Vésicule séminale	5 (3-8)	20 (13-28)	19 (11-28)	27 (16-39)
	Ganglion (ou nœud) lymphatique	1 (0-2)	6 (3-11)	11 (5-19)	10 (3-20)
>10,0	Tumeur limitée à la prostate	46 (39-53)	18 (13-24)	11 (7-15)	12 (7-18)
	Extension extraprostatique	41 (34-50)	40 (31-51)	40 (30-52)	33 (22-46)
	Vésicule séminale	7 (4-12)	23 (15-33)	19 (10-29)	28 (16-42)
	Ganglion (ou nœud) lymphatique	5 (2-8)	18 (9-30)	29 (15-44)	26 (12-44)

** Valeurs en pourcentage de la probabilité (intervalle de confiance à 95 %) d'un stade pathologique donné.
** Atteint(e)

Source : Nomogramme mis à jour pour prédire le stade pathologique du cancer de la prostate en fonction du taux d'antigène prostatique spécifique, du stade clinique et du score de Gleason des biopsies (tables de Partin) sur la base de cas évalués entre 2000 et 2005. *Urology*, 2007, avec la permission d'Elsevier.

Les nomogrammes de Kattan

En 1999, le Dr Mike Kattan, un statisticien américain spécialisé en médecine, a créé une échelle de calcul qui aide à prévoir le risque de récidive cinq ans après la chirurgie ou la radiothérapie. Pourquoi cinq ans? Parce que si le cancer n'a pas réapparu après ce laps de temps, le risque qu'il revienne est faible.

Les nomogrammes de Kattan tiennent compte des mêmes données que les tables de Partin: le grade, le stade et le taux d'APS au moment du diagnostic. Le calcul permet de connaître la probabilité que le taux d'APS dépasse 0 ng/mL cinq ans après le traitement (c'est le signe que la maladie est maîtrisée). Plus le risque est élevé, moins bonnes sont les chances de guérison. Le risque de récidive peut aider à évaluer la nécessité de recourir à des traitements supplémentaires.

La table de survie d'Albertsen

En 1999, le Dr Peter Albertsen, un urologue qui s'est spécialisé en épidémiologie aux États-Unis, a mis au point une échelle de calcul pour le patient qui ne reçoit aucun traitement. Elle permet d'estimer le risque de décéder du cancer de la prostate dans les 15 années suivantes par rapport au risque de mourir d'autre chose. La table tient compte de l'âge du patient et du grade de sa tumeur. Elle est le fruit d'une vingtaine d'années de suivi de patients qui n'ont pas été traités pour leur cancer de la prostate.

Cette table est utilisée lorsque le médecin hésite quant au type de traitement à envisager – compte tenu de l'âge du patient et de l'agressivité de son cancer de la prostate – ou lorsque le patient se demande ce qui lui arrivera s'il n'entreprend aucun traitement. Une prévision sur 15 ans peut paraître longue, mais il ne faut pas oublier que l'évolution du cancer de la prostate est très souvent plutôt lente. C'est pourquoi l'état de santé général est pris en considération dans le choix du traitement.

CE QU'IL FAUT RETENIR

- Trois facteurs guident le traitement localisé du cancer de la prostate : le grade de la tumeur, le stade et le taux d'APS. Ces éléments aident à évaluer la nature de la maladie et le risque qu'elle soit mortelle dans les années à venir. Le médecin tient également compte de l'âge du patient, de son espérance de vie ainsi que de ses antécédents médicaux et familiaux.

- En général, la prostatectomie radicale ou la radiothérapie suffisent lorsque la tumeur ne déborde pas de la prostate. Ces deux formes de traitement sont très efficaces : pour chacune d'elles, le taux de guérison est pratiquement aussi élevé 5 à 10 ans après le traitement. À très long terme, cependant (10 ans ou plus), les récidives semblent plus rares lorsqu'on a eu recours à la prostatectomie radicale.

- En cas de cancer localement avancé, le médecin pourra suggérer d'associer deux ou trois traitements : la prostatectomie radicale, la radiothérapie et/ou l'hormonothérapie. Si les ganglions pelviens sont atteints, il est généralement trop tard pour la chirurgie ou pour la radiothérapie. L'hormonothérapie peut alors permettre de maîtriser la maladie dans tout l'organisme. En commençant l'hormonothérapie avant l'apparition de métastases osseuses, les chances de survie sont nettement améliorées.

- Il est impossible d'établir un taux de réussite général des divers traitements. Ce taux est différent pour chaque individu parce qu'il faut tenir compte du grade de la tumeur, de son stade de dissémination et du taux d'APS avant le traitement. Moins ces données sont élevées, meilleures sont les chances que le patient soit définitivement tiré d'affaire.

- Pour les patients qui ont reçu un diagnostic de cancer localisé et à croissance apparemment lente, l'attente sous surveillance ou la surveillance active peuvent être proposées selon les circonstances. Le médecin dispose généralement de suffisamment de temps pour intervenir à l'aide d'une forme ou d'une autre de traitement si la maladie commence à progresser plus rapidement.

CE QU'IL FAUT RETENIR (suite)

- Le dysfonctionnement érectile affecte environ 50 % des hommes qui ont subi une prostatectomie radicale avec préservation des nerfs érectiles. Ce dysfonctionnement atteint d'ordinaire 100 % de ceux chez qui le chirurgien n'a pas pu préserver les nerfs. Chez les hommes qui ont subi une radiothérapie externe, le risque de troubles de l'érection permanents atteint 40 % à 60 %. Ce risque est de 20 % à 50 % lorsqu'on a recours à la brachythérapie, une autre forme de radiothérapie.

- Il existe des moyens de traiter le dysfonctionnement érectile (*voir chapitre 6*) et de permettre à la plupart des hommes de retrouver une capacité d'érection suffisante pour avoir une vie sexuelle satisfaisante.

- L'hormonothérapie entraîne indirectement un dysfonctionnement érectile à cause de la baisse de libido qui survient dès les premières semaines (parce qu'il y a chute de la production de testostérone). Si l'hormonothérapie ne dure pas trop longtemps (moins d'un an), ses effets secondaires disparaissent assez facilement.

- L'incontinence urinaire à l'effort est une complication qui touche 10 % des hommes qui ont subi une prostatectomie, alors que 1 % à 5 % d'entre eux vivent avec une incontinence urinaire sévère et permanente. La radiothérapie externe entraîne des problèmes urinaires permanents chez 5 % à 10 % des hommes. Ces complications sont plus rares avec la brachythérapie et nulles avec l'hormonothérapie.

- En effectuant régulièrement un toucher rectal et un dosage de l'antigène prostatique spécifique (APS) – tous les trois à six mois –, le médecin arrive à surveiller l'état de son patient. Le taux d'APS devrait diminuer et rester stable après le traitement. Une hausse indique habituellement une récidive.

CHAPITRE 5

LE TRAITEMENT DU CANCER AVANCÉ DE LA PROSTATE

Il existe plusieurs types de cancers avancés de la prostate. Il peut s'agir d'un cancer localisé qui récidive après le traitement de base, d'un cancer avancé sans métastases, d'un cancer qui a fait des métastases ou d'un cancer qui récidive malgré l'hormonothérapie (qu'il y ait des métastases ou non).

Dans la plupart des cas, le traitement le plus utile, pour le cancer de la prostate de stade avancé, demeure l'hormonothérapie. Cependant, des études récentes ont montré que la chimiothérapie peut être utile dans les cas de cancer de la prostate résistant à la castration ou CPRC (autrefois appelé « cancer réfractaire aux hormones »), c'est à dire quand le cancer continue à progresser malgré l'hormonothérapie.

L'HORMONOTHÉRAPIE

Il y a plusieurs années, une des plus grandes percées médicales dans le domaine du cancer de la prostate a été la découverte de l'hormonodépendance de ce cancer : il a en effet besoin d'hormones mâles pour croître. Si on en bloque la production, la maladie régresse. C'est le Dr Charles Brenton Huggins – un médecin né au Canada, mais travaillant à Chicago – qui a fait, au début des années 1940, cette découverte qui a profondément changé la façon de soigner le cancer de la prostate. Cela a valu à ce chercheur le prix Nobel de médecine en 1966.

Les hormones mâles (ou androgènes) de l'organisme sont composées de 85 % à 95 % de testostérone et cette testostérone provient des testicules. Les glandes surrénales – petites glandes situées juste au-dessus des reins – sécrètent une autre hormone mâle qui ressemble à la testostérone (de 5 % à 15 % du total des androgènes), mais son rôle dans le cancer de la prostate est controversé.

Le mécanisme qui mène à la sécrétion de la testostérone a son origine dans le cerveau : l'hypothalamus produit en effet une hormone appelée LH-RH (*luteinizing hormone-releasing hormone* ou, en français, hormone de libération de la gonadotrophine), qui stimule l'hypophyse – une glande endocrine (ce qui signifie que les sécrétions sont déversées directement dans le sang) – à libérer une autre hormone, la LH (*luteinizing hormone* ou, en français, hormone lutéinisante). La LH descend dans les testicules par la circulation sanguine. Lorsqu'elle arrive à destination, elle stimule à son tour les testicules à produire de la testostérone (*Figure* ❶).

Dans le traitement du cancer avancé de la prostate, l'hormonothérapie vise à empêcher les testicules de produire de la testostérone.

Il y a deux façons d'y parvenir : par l'ablation des testicules (la castration chirurgicale) ou par la prise de médicaments, des analogues de la LH-RH (la castration médicale). En bloquant la production de testostérone, l'hormonothérapie stoppe la croissance de la maladie et la fait même régresser tout en soulageant les symptômes, notamment la douleur. Elle peut même faire régresser

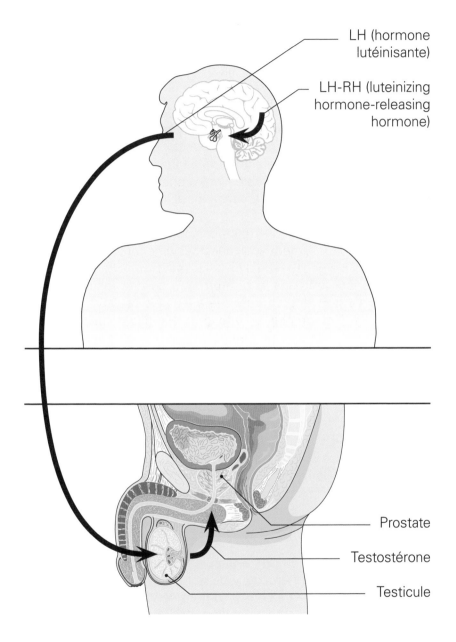

LH (hormone lutéinisante)

LH-RH (luteinizing hormone-releasing hormone)

Prostate

Testostérone

Testicule

❶ Le circuit hormonal

les métastases pendant une période plus ou moins longue, parfois pendant plusieurs années.

Le cancer n'est pas guéri, mais il est maîtrisé. Le patient peut donc vivre plus longtemps et conserver une bonne qualité de vie.

L'orchidectomie (ou castration chirurgicale)

Pendant plusieurs décennies, la seule solution pour traiter un cancer avancé de la prostate consistait à faire l'ablation chirurgicale des testicules. L'orchidectomie – ou castration chirurgicale – prive immédiatement et définitivement les cellules prostatiques cancéreuses de testostérone.

L'orchidectomie est une opération d'une quinzaine de minutes qui se fait habituellement sous anesthésie générale ou péridurale (une anesthésie de la taille aux pieds). La chirurgie consiste à faire une petite incision dans le scrotum et à enlever les deux testicules qui s'y trouvent. On referme ensuite le scrotum vide et la cicatrice est à peine plus grande que celle d'une vasectomie. Il arrive que l'opéré sente de petites bosses : ce sont les cicatrices qui se trouvent au bout des cordons spermatiques. En général, cette opération ne nécessite pas d'hospitalisation. Elle est bien tolérée et elle occasionne très peu de complications. La plupart des patients peuvent reprendre leurs activités normales au bout de deux ou trois semaines.

Lorsque les médecins ont commencé à pratiquer cette chirurgie, ils ont vu des cas stupéfiants : des patients hospitalisés et très mal en point étaient sur pied et semblaient aller beaucoup mieux 24 heures après l'opération. De vrais « miracles » pour les familles ! De nos jours, on ne voit presque plus cela puisque, en général, on détecte le cancer avant qu'il ne commence à provoquer des symptômes.

En outre, l'ablation des testicules n'est plus pratiquée que dans 10 % des cas en Amérique du Nord. On la propose au patient lorsqu'il est clair qu'il aura besoin d'hormonothérapie toute sa vie. Cette opération peut alors constituer pour lui une option intéressante et se substituer à un traitement médical impliquant des injections régulières.

À l'heure actuelle, la plupart des hommes qui ont besoin d'une hormonothérapie peuvent se tourner vers des médicaments : les analogues de la LH-RH.

Le traitement par les analogues de la LH-RH (ou castration médicale)

Ce traitement consiste à administrer des médicaments, c'est-à-dire des analogues de l'hormone de libération de la gonadotrophine (LH-RH). Il s'agit de composés synthétiques qui imitent la LH-RH produite par l'hypothalamus et qui empêchent les testicules de produire de la testostérone. Mais ils le font d'une façon un peu paradoxale.

En effet, le médicament va surstimuler l'hypophyse afin qu'elle sécrète sans arrêt l'hormone lutéinisante (LH). La demande en LH devient tellement grande que l'hypophyse finit par s'épuiser et va carrément cesser d'en produire. Par conséquent, il n'y a plus de LH pour stimuler les testicules à fabriquer de la testostérone. Il s'agit d'une castration, mais sans intervention chirurgicale.

Le traitement par les analogues ou antagonistes de la LH-RH se fait par des injections régulières qui ont un effet prolongé. Selon les doses et le type d'analogue de la LH-RH, il peut s'écouler de un à six mois entre chaque injection et la durée du traitement

TABLEAU DES ANALOGUES DE LA LH-RH

LH-RH	Voie d'injection	Calendrier d'injections (mois)
Buséréline (Suprefact)	Sous-cutanée	1, 2, 3
Goséréline (Zoladex)	Sous-cutanée	1, 3
Leuprolide (Lupron)	Intramusculaire	1, 3, 4
Leuprolide gel (Eligard)	Sous-cutanée	1, 3, 4, 6
Pamoate de triptoréline (Trelstar)	Intramusculaire	1,3
Dégarélix (Firmagon) (antagonistes de la LH-RH)	Sous-cutanée	1

dépend du stade de la maladie. On peut y avoir recours pendant quelques mois pour le traitement d'un cancer localisé (*voir chapitre 4*) et pendant beaucoup plus longtemps lorsqu'il s'agit d'un cancer avancé de la prostate. Il est possible que le patient en ait besoin toute sa vie, de façon continue ou par intermittence (*voir l'encadré « Les analogues de la LH-RH : de façon continue ou intermittente ? »*). En présence de métastases osseuses, à un stade très avancé du cancer, l'hormonothérapie soulage assez vite les douleurs chez la majorité des patients.

Les premiers jours du traitement par les analogues de la LH-RH, le taux de testostérone augmente temporairement à cause de la surstimulation de l'hypophyse. Chez un faible pourcentage de patients, cette hausse momentanée peut causer une aggravation des symptômes du cancer. Ainsi, les patients qui ont beaucoup de métastases osseuses risquent subitement de beaucoup souffrir ou de se fracturer des os.

Pour éviter cela, nous ajoutons un autre traitement, les anti-androgènes non stéroïdiens. Ces médicaments oraux ont pour fonction d'empêcher la stimulation des cellules cancéreuses par la testostérone. Donc, même si, dans les premiers jours, l'hypophyse sécrète beaucoup de LH et que celle-ci provoque un afflux

TABLEAU DES ANTIANDROGÈNES COMMERCIALISÉS

Antiandrogène	Dose
Bicalutamide (Casodex)	50 mg 1 f.p.j.*
Flutamide (Euflex)	250 mg 3 f.p.j.
Acétate de cyprotérone (Androcur)	100 mg 2 f.p.j.
Nilutamide (Anandron)	150 mg 1 f.p.j.
* f.p.j. : fois par jour	

de testostérone, les cellules sont incapables d'absorber toute cette testostérone. Par conséquent, le patient ne subit pas les conséquences de la hausse temporaire du taux de testostérone.

On dispose depuis peu d'antagonistes (inhibiteurs) de la LH-RH. Les résultats sont semblables à ceux que l'on obtient avec les analogues de la LH-RH, mais comme les antagonistes ne provoquent pas un brusque afflux de testostérone, les antiandrogènes ne sont pas nécessaires au début du traitement.

On fait prendre des antiandrogènes durant un mois ou deux lorsqu'on commence le traitement par les analogues de la LH-RH. Comme ils sont prescrits à faible dose, ils entraînent peu d'effets secondaires. Certains médecins croient qu'il faut les administrer continuellement avec la LH-RH afin de contrer l'effet des autres hormones mâles produites par les glandes surrénales qui peuvent demeurer dans la circulation sanguine (ce qu'on appelle le blocage androgénique total ou maximal). Cela aurait pour effet de mieux maîtriser le cancer et peut-être aussi d'améliorer légèrement la survie, mais ce n'est pas encore prouvé. C'est un sujet qui demeure controversé.

Actuellement, le médecin peut donc décider de prescrire les antiandrogènes pendant une période de durée variable.

Dans certains cas, le médecin peut envisager de prescrire des antiandrogènes comme seul traitement d'un cancer avancé de la prostate. Il peut le faire, par exemple, lorsque le patient tient absolument à préserver sa vie sexuelle. En fait, ce médicament n'affecte pas la production de testostérone (donc la libido). Cela dit, il entraînera d'autres effets secondaires non négligeables puisqu'on ne le prescrit à des doses plus élevées que lorsqu'on l'associe aux analogues de la LH-RH. Il est très important de savoir qu'on administre rarement les antiandrogènes seuls parce qu'ils ne sont pas aussi efficaces que les analogues de la LH-RH pour lutter contre le cancer en présence de métastases osseuses. Le patient doit être conscient de cela.

Les hommes qui ont subi une castration chirurgicale ou à qui on a administré des antagonistes de la LH-RH n'auront pas d'afflux de testostérone. Ils n'ont donc pas besoin d'antiandrogènes, sauf si le médecin souhaite un blocage androgénique total (ou maximal).

LES ANALOGUES DE LA LH-RH: DE FAÇON CONTINUE OU PAR INTERMITTENCE?

En présence d'un cancer de la prostate avancé – quelle que soit sa forme –, le traitement par les analogues de la LH-RH sera en général entrepris de façon continue et pour toute la vie. Il s'agit du traitement médical standard.

Cependant, depuis quelques années, il existe un traitement dit « par intermittence ». C'est-à-dire qu'on cesse de donner des analogues de la LH-RH au bout de six à huit mois, lorsque le taux de l'antigène prostatique spécifique (APS) a diminué, qu'il s'est stabilisé et que les symptômes ont disparu. On reprend le traitement lorsque ce taux recommence à monter, ce qui peut prendre plusieurs mois et parfois même des années. Lorsqu'on opte pour cette forme d'hormonothérapie, il est recommandé de faire prendre des antiandrogènes à chaque nouveau cycle de traitement.

Le traitement par intermittence a théoriquement l'avantage de permettre au patient de retrouver une activité sexuelle « normale » et de faire disparaître les effets secondaires pendant les périodes sans médicament.

Une étude récente confirme qu'en cas de récidive après une radiothérapie, la thérapie par intermittence est aussi efficace que l'hormonothérapie en continu. Le mieux est d'en parler avec son médecin.

Les effets secondaires de l'hormonothérapie

La castration chirurgicale occasionne très peu de complications. D'ordinaire, la douleur postopératoire, le gonflement du scrotum et le saignement de la plaie sont minimes. Comme c'est le cas avec toute opération chirurgicale, il peut se produire une infection au niveau de la cicatrice. Cette infection sera alors traitée par des antibiotiques.

Dans tous les cas, la baisse de la production d'hormones entraînera la perte du désir sexuel (libido), et ce, que les patients aient subi une castration chirurgicale ou médicale. D'autres effets secondaires peuvent survenir avec les deux types d'hormonothérapie : bouffées de chaleur, fatigue, anémie, changements d'humeur, légère augmentation mammaire et perte de la masse musculaire et osseuse.

La façon dont l'organisme réagit au changement hormonal varie d'une personne à l'autre. Cependant, la plupart des hommes soumis à ce traitement trouvent les effets secondaires très supportables. Au besoin, le médecin prescrira des médicaments pour réduire la perte de masse osseuse et l'intensité des bouffées de chaleur. Il n'existe pas vraiment de façon de maîtriser les autres effets secondaires.

Les hommes qui sont traités par les antiandrogènes seuls doivent s'attendre à une augmentation mammaire beaucoup plus importante que ceux qui sont soumis à des analogues de la LH-RH ou à la castration chirurgicale. C'est en effet le principal effet secondaire de ce type de traitement.

Les complications à long terme de l'hormonothérapie

Comme l'ablation chirurgicale des testicules est irréversible, ses effets secondaires sont permanents. On a toutefois remarqué que les bouffées de chaleur et la fatigue ont tendance à s'estomper avec le temps. Par ailleurs, la perte de masse osseuse risque de mener à l'ostéoporose. Le médecin peut prescrire des produits ou des médicaments pour prévenir ou traiter cette complication :

calcium, vitamine D et même des médicaments comme les bis-phosphonates (si les os sont très fragilisés en raison de l'âge ou des effets de l'hormonothérapie).

Quant aux effets du traitement par les analogues de la LH-RH, ils peuvent disparaître si on cesse le traitement. Mais plus le traitement aura duré longtemps, plus il est possible que les effets secondaires deviennent permanents. Le développement des seins cessera après quelque temps, mais ceux-ci ne se résorberont pas. Après plus de deux ans d'une médication continue, le taux de testostérone pourrait ne jamais revenir à la normale. Les effets secondaires peuvent donc perdurer, comme avec la castration chirurgicale. Il faut noter que le retour de la testostérone après un court traitement ne se traduit pas forcément par le retour de la maladie.

Qui plus est, les hommes qui prennent des analogues de la LH-RH remarquent que leur scrotum perd du volume avec le temps. En fait, les testicules finissent par s'atrophier lorsqu'ils arrêtent de fonctionner.

La perte de la libido produira inévitablement des changements dans la vie sexuelle du patient puisque la majorité des hommes n'auront plus d'érections naturelles. Et s'il a subi, en plus, une prostatectomie radicale ou une radiothérapie, le dysfonctionnement érectile sera encore plus important. Néanmoins, malgré l'absence de désir sexuel, il arrive que des patients recourent tout de même aux moyens médicaux qui permettent une érection (*voir chapitre 6*). Cependant, comme l'hormonothérapie ralentit la progression de la maladie et prolonge leur vie, la plupart des hommes finissent par accepter de ne plus pouvoir avoir de relations sexuelles complètes.

Le suivi médical de l'hormonothérapie

Le patient est suivi tous les trois à six mois par son médecin, qui fera, à l'occasion, un toucher rectal et qui demandera systématiquement une analyse du taux d'APS. Ce taux permet au médecin de déceler toute hausse de l'APS, laquelle indiquerait la présence d'une récidive.

LES RÉCIDIVES APRÈS LE TRAITEMENT D'UN CANCER LOCALISÉ

Un cancer qui revient après une prostatectomie radicale ou une radiothérapie – que ces traitements aient été ou non associés à une hormonothérapie – est considéré comme un cancer avancé, et ce, que la récidive soit locale ou métastatique.

Par récidive locale, on entend que des cellules cancéreuses sont restées sur l'emplacement anatomique où se trouvait la prostate (elles ont échappé au traitement). Lorsqu'on parle de métastase, on fait référence à une tumeur qui se trouve ailleurs dans l'organisme, à distance de la tumeur d'origine. Les récidives peuvent survenir n'importe quand. Néanmoins, après le traitement, le risque de récidive diminue avec les années (bien qu'on entende souvent parler du « chiffre magique » de cinq ans, cela n'est pas garanti. On fait donc un suivi à long terme.)

En général, le médecin décèle une récidive lorsque le taux d'antigène prostatique spécifique (APS) recommence à grimper. La vitesse à laquelle le taux d'APS monte (temps de doublement ou *doubling time*, en anglais), le grade et le stade de la tumeur qu'on a enlevée (ou traitée par la radiothérapie) aident le médecin à déterminer s'il s'agit d'une récidive locale ou métastatique. Plus ces paramètres sont élevés, plus il pourrait s'agir d'une récidive métastatique.

Récidive après la prostatectomie radicale

Habituellement, le taux d'APS avertit très tôt le médecin de ce qui se passe, et ce, plusieurs mois ou années avant qu'il y ait suffisamment de métastases pour qu'elles soient décelées au cours d'un examen physique ou radiologique et pour que cela cause des problèmes. Prescrite très rapidement, l'hormonothérapie ralentira beaucoup la progression du cancer.

Dans certains cas où l'on soupçonne une récidive localisée, on peut même espérer une guérison complète (il n'est pas encore trop tard pour prescrire une radiothérapie, avec ou sans hormonothérapie, et pour arriver à guérir la maladie).

Les patients qui présentent une récidive plutôt lente, sans évidence franche de métastases, pourraient être de bons candidats à l'hormonothérapie par intermittence.

Si la récidive semble localisée et lente, et que son comportement n'inquiète pas le médecin, ce dernier pourrait choisir de ne pas intervenir. Cela serait le cas si, par exemple, le taux d'APS recommence à monter cinq ans après l'opération. À ce rythme, il est probable que les métastases n'apparaîtront pas avant 10 ou 15 ans. Si le patient est âgé ou si son espérance de vie est réduite, il vaut peut-être mieux ne pas intervenir ou reporter le traitement plutôt que de lui prescrire une hormonothérapie qui affectera sa qualité de vie. S'il est plus jeune et donc si son espérance de vie est longue, l'approche du médecin sera souvent plus agressive. On aura alors recours à la radiothérapie, associée ou non à l'hormonothérapie.

Lorsqu'on décide de ne pas entreprendre de radiothérapie, on peut choisir d'attendre une augmentation significative du taux d'APS pour commencer une hormonothérapie, avec les effets secondaires mentionnés plus haut. Il sera toujours temps d'intervenir si la progression devient inquiétante. Chaque cas étant unique, il est important que le patient prenne sa décision de concert avec son médecin, en pesant le pour et le contre de chacune des options.

Récidive après la radiothérapie (externe ou brachythérapie)

L'hormonothérapie est souvent considérée comme le traitement standard en présence d'une récidive à la suite d'une radiothérapie. Elle est en général prescrite à vie et de façon continue. En l'absence de métastases, l'hormonothérapie intermittente serait une option valable. Dans ce cas aussi, on peut s'abstenir de tout traitement pendant un certain temps lorsque la récidive est lente.

Il arrive parfois que le médecin se tourne vers la prostatectomie radicale pour enlever la prostate. Mais il faut pour cela qu'il soit convaincu que la récidive est limitée à la prostate. Les rares candidats à cette intervention doivent s'attendre à des effets secondaires plus importants qu'avec une prostatectomie radicale comme premier traitement (*voir chapitre 4*). En fait, comme la radiothérapie a endommagé les tissus, l'opération sera plus difficile et elle pourrait causer plus de dommages à la vessie, à l'urètre, au rectum et aux nerfs érectiles. Il arrive même que, au moment de commencer l'opération, on doive y renoncer en constatant l'étendue de la maladie ou l'état des tissus. Le chirurgien referme alors l'abdomen sans toucher à la prostate et prescrit une hormonothérapie.

D'autres options sont actuellement à l'étude : la cryothérapie et l'IFHU/HIFU (*voir chapitre 4*). En ce qui concerne la cryothérapie, on implante dans la prostate, sous anesthésie générale ou péridurale, à travers le périnée (l'espace entre les testicules et le rectum), des tiges d'azote liquide qui gèlent la prostate et détruisent les cellules cancéreuses par un phénomène de congélation instantanée. Quant à l'IFHU, cela consiste en une sonde qui applique une chaleur intense dans la prostate en espérant qu'elle détruira les tissus prostatiques et le cancer qu'ils contiennent. Ces traitements peuvent entraîner des effets secondaires : incontinence urinaire, lésion du rectum et dysfonctionnement érectile. On y a recours lorsqu'on pense que la récidive est encore limitée à la prostate. Comme cette technique n'a pas encore fait ses preuves, seuls quelques rares centres la proposent au Canada. D'autres types de traitements sont actuellement à l'essai dans les cas de récidive à la suite d'une radiothérapie, ce qui permettra aux patients, à l'avenir, d'avoir plusieurs choix à leur disposition.

LE CANCER AVANCÉ SANS MÉTASTASES

Le chapitre 4 portait sur le traitement des cancers de la prostate localisés (c'est-à-dire des cancers qui n'ont pas fait de métastases). Il y a parmi ces derniers les cancers avancés pour lesquels la prostatectomie radicale ou la radiothérapie seules ne suffisent pas, car le médecin est certain que le cancer s'étend en dehors de la prostate.

Ainsi, les cancers de stade T3+ (le cancer a débordé la capsule de la prostate) et T4 (la tumeur a atteint des tissus voisins, comme la vessie, le sphincter externe et le rectum) ne sont plus limités à la prostate, même si l'on ne décèle pas de métastases, comme le confirment la scintigraphie osseuse et les autres examens diagnostiques.

Dans de tels cas, l'hormonothérapie est souvent indiquée comme complément à la prostatectomie radicale ou à la radiothérapie (il faut noter qu'en général la radiothérapie est pratiquée pour les stades T3+ et T4, car ces stades sont trop avancés pour qu'on utilise la chirurgie).

L'hormonothérapie sera prescrite en association avec la radiothérapie pendant deux ou trois ans. En effet, une étude parue à la fin des années 1990 dans le prestigieux *New England Journal of Medicine* a montré que ce traitement diminue le risque de voir la maladie se propager et qu'il prolonge la survie. Toutefois, si le médecin estime que la nature inquiétante de la tumeur le justifie, il peut dès le départ la prescrire à vie.

Le suivi médical et le dosage régulier de l'APS permettent de juger de la stabilisation du cancer. Si le taux d'APS se remet à monter, l'hormonothérapie sera reprise et généralement prescrite à vie. Il est toutefois possible que le taux d'APS ne bouge plus jamais. Après cinq ans sans signe de récidive, on peut considérer que le cancer est probablement guéri.

Il existe aussi un nouveau traitement expérimental (à l'étude pour l'instant) pour les cancers localement avancés sans métastases : l'association de l'hormonothérapie et de la chimiothérapie – avec un médicament appelé docétaxel (Taxotere) – avec la radiothérapie ou la prostatectomie radicale. On espère que cette approche pourra parvenir à guérir encore plus de patients à risque élevé de récidive. Si le patient est considéré comme étant à risque élevé d'avoir un cancer de la prostate, il pourrait envisager de participer à un protocole de recherche pour bénéficier de ce type de traitement et en parler à son médecin.

LE CANCER AVANCÉ AVEC MÉTASTASES

Les métastases ganglionnaires

Lorsque le cancer de la prostate a atteint les ganglions – on l'a constaté à la suite d'une lymphadénectomie (ablation chirurgicale des ganglions que l'on fait par la suite analyser au microscope) ou on le présume fortement à partir des paramètres habituels et des tables de Partin (*voir chapitre 4*) –, le traitement standard est l'hormonothérapie à vie. C'est dans de tels cas que l'on peut suggérer l'ablation des testicules. Si le patient préfère un traitement par les analogues ou par les antagonistes de la LH-RH (c'est le choix le plus fréquent), le médecin peut parfois prescrire des antiandrogènes.

D'importantes études publiées à la fin des années 1990 ont montré que si l'on commence l'hormonothérapie dès qu'il y a des métastases ganglionnaires, avant l'apparition de métastases osseuses (le cancer de la prostate se propage rarement ailleurs), on prolonge la survie de façon significative.

Néanmoins, il arrive que le praticien préfère attendre et surveiller le taux d'APS. En effet, dans environ 10 % à 15 % des cas de métastases ganglionnaires, le taux d'APS reste stable pendant plusieurs années. Avec un suivi médical tous les trois ou six mois, le médecin suit la situation et intervient dès qu'il constate que ce taux se met à monter. Il a alors le temps de réagir puisqu'il faudra encore plusieurs mois et même des années avant que le cancer ne fasse des métastases ailleurs.

On prendra notamment cette décision quand le patient tient à conserver ses capacités sexuelles le plus longtemps possible.

Les métastases osseuses

Le cancer qui s'est propagé aux ganglions finira par s'attaquer aux os, en particulier ceux du bassin et de la colonne vertébrale. Si les métastases sont assez grosses, les symptômes suivants peuvent parfois survenir : douleur au bas du dos ou aux hanches, engourdissement ou paralysie des membres inférieurs (les métastases à la colonne vertébrale peuvent comprimer la moelle épinière), fatigue constante, perte d'appétit et pâleur (les méta-

LES TRAITEMENTS VISANT À RENFORCER LES OS

Depuis 2002, le médecin peut prescrire des bisphosphonates, qui ont la propriété de soulager les douleurs osseuses et de stabiliser les os affaiblis par le cancer (jusqu'à présent, le seul à avoir une efficacité prouvée est l'acide zolédronique [Zometa]). Les bisphosphonates peuvent réduire la progression de la destruction osseuse, donc diminuer le risque de fracture. Les chercheurs étudient en ce moment la possibilité de les utiliser à des stades plus précoces, pour vérifier s'ils peuvent empêcher l'apparition de métastases osseuses chez les patients à risque (on pense en effet qu'ils pourraient rendre les os tellement solides que les cellules cancéreuses ne pourraient pas s'y implanter). En outre, utilisés comme médicament de premier choix au dernier stade de la maladie, ils peuvent diminuer le besoin d'analgésiques et de radiothérapie palliative.

En 2010, une nouvelle classe de médicaments visant à renforcer les os s'est avérée efficace pour prévenir les complications osseuses associées aux métastases. Ces nouveaux agents inhibent ce qu'on appelle le RANK ligand, qui est en grande partie responsable de la stimulation des cellules qui fragilisent les os, ce qui entraîne des fractures osseuses. Le dénosumab (XGEVA) est le premier agent de cette classe de médicaments à s'avérer efficace. Il s'est montré un peu plus efficace que l'acide zolédronique pour réduire les complications osseuses chez les hommes atteints d'un cancer métastatique.

Comme l'état des hommes qui présentent des métastases osseuses finit par s'améliorer quand on utilise l'un ou l'autre de ces deux médicaments, c'est une bonne nouvelle pour les patients que de savoir qu'ils pourront passer d'un médicament à l'autre au besoin.

Il faut noter que le dénosumab s'est également avéré très efficace pour réduire la perte osseuse (c'est-à-dire pour prévenir l'ostéoporose) causée par la castration médicale, de même que pour réduire les risques de fractures associés à cette faiblesse des os.

stases osseuses peuvent causer une anémie). À ce stade, les os sont devenus très fragiles et susceptibles de se fracturer.

L'hormonothérapie est prescrite dès que le médecin constate la présence de métastases osseuses, qu'elles soient accompagnées ou non de douleurs. Le traitement est pratiquement toujours appliqué de façon continue et à vie.

L'hormonothérapie soulage les douleurs et prolonge la survie du patient de façon appréciable.

Alors que des études ont montré que l'hormonothérapie par intermittence est possible dans les cas de métastases osseuses, la plupart des spécialistes considèrent qu'une hormonothérapie continue à vie est la meilleure option pour les patients présentant un cancer avec métastases osseuses.

Les découvertes les plus encourageantes pour les patients qui ont récemment reçu un diagnostic de cancer avec métastases osseuses ont été publiées en 2014. Après 10 ans de recherche, on a constaté que les patients vivent beaucoup plus longtemps et que l'apparition des symptômes liés aux métastases est retardée si l'hormonothérapie est précocement associée au docétaxel (chimiothérapie), plutôt que d'attendre que le cancer devienne résistant à l'hormonothérapie. Les patients qui en ont tiré le plus d'avantages étaient ceux qui présentaient plusieurs sites de métastases (c'est-à-dire chez qui le cancer s'était répandu dans plusieurs os ou s'était attaqué à des organes vitaux comme le foie ou les poumons).

L'hormonothérapie a été administrée de la façon traditionnelle, mais une chimiothérapie par le docétaxel (dont il sera question dans le prochain chapitre) a été ajoutée à raison de six traitements toutes les trois semaines. Ce régime a été beaucoup plus facile à tolérer par les patients, qui ont aussi beaucoup mieux réagi à l'hormonothérapie standard; les chances de voir le taux d'APS tomber à zéro ont doublé et les patients sont demeurés stables beaucoup plus longtemps. De plus, les plus âgés (plus de 70 ans) en ont tout autant profité que les plus jeunes. Bref, la chimiothérapie continue à jouer un rôle important dans le traitement d'un cancer de la prostate qui s'est répandu dans d'autres organes et il semble que plus tôt elle est administrée, mieux c'est.

QUAND L'HORMONOTHÉRAPIE NE SUFFIT PLUS

Une fois l'hormonothérapie – par la castration chirurgicale ou par la castration médicale – commencée, le taux d'APS devrait baisser et rester stable. S'il continue ou recommence à monter, c'est le signe que la maladie progresse malgré tout. On parle alors de cancer de la prostate résistant à la castration (CPRC). Il y a deux types de CPRC: le CPRC sans métastases décelables et le CPRC avec métastases décelables.

Si le taux d'APS d'un patient qui prend des antiandrogènes continue à s'élever, il est possible que les cellules cancéreuses aient subi une mutation et que, paradoxalement, l'antiandrogène prescrit soit devenu un stimulant pour elles, au même titre que la testostérone. La première chose que fera le médecin sera par conséquent d'arrêter le traitement ou de changer d'antiandrogène. Entre 15 % et 30 % des hommes voient leur taux d'APS baisser temporairement avec l'arrêt des antiandrogènes. Habituellement, il n'y a pas lieu, à ce stade, d'entreprendre un autre traitement tant que le taux d'APS ne recommence pas à s'élever.

En outre, quand cela est possible, le patient peut participer à des essais cliniques conçus pour aider à trouver de meilleures façons de traiter ce stade de la maladie.

Le cancer de la prostate résistant à la castration (CPRC) sans métastases décelables

Il s'agit d'un cancer qui n'a pas de métastases encore visibles (les examens diagnostiques ne permettent pas de les voir), mais qui a certainement dans l'organisme des métastases microscopiques qui entraîneront des douleurs un jour ou l'autre. Seule l'augmentation du taux d'APS prouve qu'il y a récidive.

Actuellement, il n'existe pas de traitement standard pour ce genre de cancer. Le médecin fait un suivi régulier tous les deux ou trois mois. Les examens diagnostiques et le dosage de l'APS l'aideront à détecter les métastases lorsqu'elles seront décelables.

Le CPRC sans métastases décelables est actuellement le plus grand champ de recherche dans le domaine du cancer de la prostate. Les scientifiques essaient de trouver des médicaments qui soient capables de prévenir ou de retarder l'apparition des métastases. Une avenue particulièrement prometteuse est l'utilisation de nouveaux agents hormonaux qu'on administre désormais dans les cas de CPRC avec métastases décelables. À ce stade du cancer, la chimiothérapie pourrait devenir une option intéressante, car on a obtenu des résultats positifs auprès de patients souffrant d'un CPRC avec métastases décelables. Les patients atteints d'un cancer qui en est à ce stade pourraient envisager de participer à un protocole de recherche afin de bénéficier de ces nouvelles formes de thérapies.

Le cancer de la prostate résistant à la castration (CPRC) avec métastases décelables

Il s'agit du cancer au cours duquel des examens diagnostiques comme la scintigraphie osseuse ou la tomodensitométrie ont permis de déceler des métastases. À ce stade du cancer, on ne peut malheureusement plus parler de guérison et la prolongation de la vie et la qualité de vie du patient deviennent la priorité. Le médecin tente de retarder le plus possible les complications – atteinte générale, perte de poids, douleurs et fractures – dues à la progression des métastases. En effet, à partir du moment où le cancer résiste à la castration et qu'il comporte des métastases décelables, le soulagement des symptômes par l'hormonothérapie est encore nécessaire, mais il ne suffit plus.

On prescrit des analgésiques pour soulager les douleurs, osseuses et autres, des traitements pour renforcer les os, par exemple, l'acide zolédronique ou le dénosumab (*voir l'encadré « Les traitements visant à renforcer les os »*) et même de la radiothérapie palliative. En outre, la chimiothérapie améliore l'état général du patient qui commence à être très affecté par la maladie. Des suppléments diététiques (de type Ensure) et des transfusions sanguines en cas d'anémie sont aussi utiles.

Les rayons radioactifs de la radiothérapie détruisent les cellules des métastases dans l'os qui cause la douleur (dans la colonne vertébrale, les hanches, le dos, etc.). Cela ne change en rien le cours de la maladie, mais soulage rapidement le patient, renforce l'os et, par conséquent, aide à réduire les risques de fracture à l'endroit ionisé.

Habituellement, la radiothérapie palliative est utilisée lorsque les médicaments antidouleur ne soulagent pas suffisamment ou quand l'os risque de se fracturer. Cependant, on ne peut pas irradier deux fois le même endroit. C'est pourquoi, bien souvent, les médecins utilisent la radiothérapie en dernier recours. Si les douleurs reviennent dans la zone irradiée, les analgésiques et les traitements visant à renforcer les os peuvent procurer un certain soulagement. Il est à noter qu'on peut employer ces médicaments en même temps que la radiothérapie.

Au début des années 1990, on a découvert que la chimiothérapie pouvait aider à diminuer les douleurs des patients souffrant d'un CPRC avec métastases décelables. La chimiothérapie est un traitement par injections intraveineuses qui vise à tuer les cellules cancéreuses. On utilisait une association de mitoxantrone et de prednisone, administrée par injection intraveineuse toutes les trois semaines. Comme cette chimiothérapie palliative causait un affaiblissement du muscle cardiaque, on ne pouvait pas faire plus de 10 ou 12 injections. Utilisée seule ou en association avec les analgésiques et/ou la radiothérapie palliative, la chimiothérapie améliorait la qualité de vie, mais ne prolongeait pas la vie.

En juin 2004 s'est produit un virage extraordinaire. Deux études internationales portant sur plus de 1 500 patients ont confirmé que la chimiothérapie utilisant un médicament appelé docétaxel (Taxotere) soulage encore plus les symptômes que l'association mitoxantrone-predisone, qu'elle améliore la qualité de vie et prolonge la survie du patient d'environ 25 % par comparaison à des patients atteints d'un cancer de même stade à qui l'on n'administrait pas de docétaxel. Pour la première fois, on a montré qu'un patient atteint d'un CPRC avec métastases décelables pouvait vivre plus longtemps grâce à un traitement médical.

Le traitement consiste à faire des injections de docétaxel toutes les trois semaines. Dans certains cas, on peut réduire la dose pour atténuer les effets secondaires sur la moelle osseuse et injecter le docétaxel une fois par semaine – un traitement d'à peine une demi-heure administré en consultation externe qui ne nécessite pas d'hospitalisation. Le nombre de cycles (injections) de chimiothérapie varie selon la tolérance du patient et la façon dont il répond aux traitements. D'ordinaire, on prescrit de six à dix cycles. Pour vérifier les bienfaits du traitement par le docétaxel sur le patient, on observe les taux d'APS : ceux-ci devraient baisser ou, tout au moins, cesser d'augmenter aussi rapidement qu'avant le traitement. On vérifie également si les symptômes dus à la maladie diminuent. On observe rarement des changements aux examens radiologiques, car il est difficile de constater, sur les os, l'efficacité d'un traitement. Plusieurs patients verront leur taux d'APS et leurs symptômes s'améliorer après seulement deux traitements au docétaxel, ce qui est extrêmement encourageant, redonne espoir aux patients et les pousse à continuer leur lutte contre la maladie.

La chimiothérapie par le docétaxel comporte certains effets secondaires, les plus courants étant la perte de cheveux, les nausées, la fatigue et une diminution du nombre de globules blancs (donc, un risque accru d'infection). La plupart du temps, ces effets s'estompent et disparaissent à la fin du traitement complet. Cela dit, ce type de chimiothérapie est en général bien toléré par les patients, même les plus âgés, qui constatent une amélioration de leur qualité de vie malgré les effets secondaires du traitement. Notons que le docétaxel est déjà utilisé pour traiter d'autres types de cancers, notamment le cancer du sein. On a découvert récemment que certains patients peuvent être traités au docétaxel plus d'une fois. Si le patient est en forme après avoir suivi un cycle complet de traitements et si le cancer continue de progresser, on peut réadministrer du docétaxel et vérifier s'il peut encore améliorer l'état du patient. On peut espérer une seconde amélioration chez un nombre important de patients.

Le fait de savoir qu'un patient atteint d'un CPRC avec métastases décelables peut maintenant vivre plus longtemps a changé à jamais la façon de traiter ce stade du cancer et ouvre la porte à tout un champ de recherche.

Ainsi, des chercheurs se penchent sur la possibilité de prescrire le docétaxel plus tôt, lorsque le CPRC n'a pas encore fait de métastases décelables ou peut-être même avant, en présence d'un cancer agressif ou trop avancé localement pour être guéri par la prostatectomie radicale ou uniquement par la radiothérapie. On a récemment découvert que les patients vivent beaucoup plus longtemps si le docétaxel est administré en association avec une hormonothérapie dès que le premier diagnostic de métastases est posé. En fait, des protocoles de recherche sont en cours pour vérifier son potentiel en association avec d'autres traitements, comme la prostatectomie radicale ou la radiothérapie, chez des patients atteints de cancers plus agressifs. En outre, pour améliorer encore plus les résultats obtenus avec le docétaxel, les chercheurs étudient des associations de cet agent avec d'autres médicaments. Jusqu'à présent, de grands progrès ont été faits dans ce domaine de recherche. Notre espoir est que cette recherche conduise à allonger encore plus l'espérance de vie des patients, tout en améliorant leur qualité de vie.

OPTIONS DE TRAITEMENT APRÈS LE DOCÉTAXEL EN PREMIÈRE INTENTION

Jusqu'en 2010, il n'y avait pas d'autre choix reconnu comme efficace pour les patients dont l'état de santé s'était dégradé tandis qu'ils prenaient du docétaxel (Taxotere). Après plusieurs années de recherche, deux nouveaux agents se sont avérés efficaces pour prolonger la vie des patients qui ne répondaient pas au docétaxel et dont l'état continuait à se dégrader après avoir été traités à l'aide de ce médicament de chimiothérapie. Le premier agent qui a permis une amélioration significative a été le cabazitaxel (Jevtana). Ce traitement de chimiothérapie s'administre toutes les trois semaines, tout comme le docétaxel. Il a été bien toléré et a prolongé de 30 % la vie des patients qui avaient subi une récidive après avoir été traités par le docétaxel. Ce fut une découverte extraordinaire qui a donné un nouvel espoir à des patients qui n'avaient plus d'autre option. Ce fut aussi le premier médicament à être approuvé en Amérique du Nord comme traitement de deuxième ligne après le docétaxel. Ses effets indésirables les plus fréquents (diarrhée et faible taux de globules blancs) sont bien tolérés par la majorité des patients.

À peu près au même moment, on a également découvert qu'une nouvelle forme d'hormonothérapie était efficace chez les patients que l'on pensait réfractaires aux hormones. L'abiratérone (Zytiga) est un agent oral qui inhibe la production de presque toutes les hormones susceptibles de stimuler des cellules cancéreuses. Ces hormones sont produites par les glandes surrénales ainsi que par les cellules cancéreuses elles-mêmes, même chez les patients qui ont subi une castration. Une étude de grande envergure a montré que l'abiratérone a permis d'améliorer d'environ 35 % la survie des sujets traités par ce médicament, par rapport à ceux qui ne l'étaient pas. Tout récemment, il a été démontré que l'abiratérone retarde efficacement la progression du cancer et

LA CHIMIOTHÉRAPIE

Jusqu'à récemment, il n'existait aucune forme de thérapie susceptible d'améliorer l'espérance de vie des patients atteints d'un cancer de la prostate résistant à la castration (CPRC). La façon de traiter ces patients a été profondément bouleversée par la découverte que le docétaxel (Taxotere) peut prolonger la vie, améliorer la qualité de vie et contrôler la douleur des patients à ce stade de la maladie. Cette découverte a également mené à une multiplication des projets de recherche dans le domaine du cancer avancé de la prostate et à l'utilisation précoce de la chimiothérapie pour les patients à risque élevé atteints d'un cancer de la prostate localisé. Chez les patients qui ne répondent pas au docétaxel ou qui présentent une récidive, une nouvelle chimiothérapie appelée cabazitaxel (Jevtana) apporte un espoir de prolonger la vie.

prolonge la vie des patients qui n'ont pas encore été soumis à une chimiothérapie. En janvier 2012 un autre médicament, l'enzaluta-mide (Xtandi), a montré une efficacité très encourageante chez les patients qui récidivent après une chimiothérapie. Ce médicament agit sur les récepteurs des androgènes et inhibe les effets des androgènes circulants. Le cancer régresse alors chez bon nombre de patients. Les patients ayant reçu ce traitement au cours de l'étude ont vécu environ 35 % plus longtemps que les patients ne l'ayant pas reçu. Comme l'abiratérone, l'enzalutamide a également été étudiée chez des patients qui n'avaient pas encore été traités par chimiothérapie : les résultats de l'étude montrent que ces patients ont vécu plus longtemps et que leur cancer est demeuré stable beaucoup longtemps que dans le cas des patients qui n'ont pas reçu ce médicament. L'agent le plus récent à s'être avéré effi-cace est en fait un agent radioactif appelé radium-223 (Xofigo), qui vise les métastases osseuses. Une amélioration de 30 % de la survie a été constatée chez les patients présentant des métas-tases et un CPRC qui ont pris cet agent et chez qui la chimiothéra-pie n'avait pas été efficace ou qui n'avaient pas pu s'y soumettre. Il est extrêmement encourageant qu'en si peu de temps quatre nou-veaux médicaments – en plus du docétaxel (Taxotere) – aient été mis à la disposition de patients qui n'avaient plus d'autres options. Il est vraisemblable que nombreux seront ceux qui auront accès à un ou plusieurs de ces médicaments qui pourraient améliorer leur espérance de vie et leur qualité de vie.

Bien que ces découvertes soient une excellente chose, les recherches continuent puisqu'il y a toujours des patients qui ne sont pas guéris à ce stade de la maladie et parce que tous n'ob-tiendront pas les mêmes effets bénéfiques avec ces nouveaux agents.

TÉMOIGNAGE

Prénom: Robert	**Âge:** 67 ans

Profession: conducteur bénévole

Robert a reçu un diagnostic de cancer de la prostate il y a trois ans. À l'époque, le cancer s'était étendu aux os. Il a été traité par un analogue de la LH-RH (hormonothérapie) dès que le diagnostic a été posé et tout s'est bien passé jusqu'à il y a quelques mois. Son taux d'APS s'élevait à 150 au moment du diagnostic et il est descendu à 1. Il y a six mois, sont taux d'APS a recommencé à monter et il a ressenti une intense douleur dans la hanche et le bas de la colonne vertébrale. On l'a soumis à la radiothérapie et on lui a administré de l'acide zolédronique, ce qui a grandement soulagé sa douleur à la hanche. Il a ensuite entrepris une chimiothérapie par le docétaxel (Taxotere) toutes les trois semaines à la clinique de consultation externe du service d'oncologie. Sont taux d'APS est redescendu de 50 à 2,5. Il se sent beaucoup mieux et sa douleur a complètement disparu. Bien qu'il ait perdu ses cheveux, il a très bien toléré la chimiothérapie. Cela fait maintenant trois mois que sa chimiothérapie est terminée; il se plaint d'un début de réapparition de la douleur dans le bas de la colonne vertébrale et son taux d'APS est remonté à 30. À part ça, il se sent très bien.

Le médecin lui a parlé des différentes options qui s'offrent à lui, et comme il se sent en forme et que son expérience précédente de la chimiothérapie s'est bien passée, il accepte d'entreprendre un traitement par le cabazitaxel toutes les trois semaines. Il reste optimiste et continue à bien s'alimenter autant que possible et à rester actif. Il est bien conscient qu'il ne guérira pas, mais il est encouragé par les résultats positifs dont on parle au sujet du cabazitaxel, de l'abiratérone, de l'enzalutamide et du radium-223. Ces produits pourront être utiles quand il aura besoin de plus de médicaments. Il sait aussi qu'il peut avoir accès à de nouveaux traitements en prenant part aux études cliniques en cours. Avec tous les médicaments qui sont à sa disposition, il a bien l'intention de célébrer l'anniversaire de son petit-fils dans six mois.

CHAPITRE 6

LA VIE AVEC
LE CANCER DE
LA PROSTATE

Il est très dur d'apprendre que l'on a un cancer. À cause de l'ombre que fait planer le mot « cancer », bien sûr, mais aussi à cause des effets secondaires et des complications dus aux traitements. On sait aussi que la vie ne sera plus comme avant. Les sentiments peuvent passer du déni à la colère, du désespoir à l'espoir et du courage à la peur. Les proches passent souvent par la même gamme d'émotions. C'est tout à fait normal.

Comme pour le cancer du sein chez la femme, le cancer de la prostate risque d'avoir des retombées psychologiques particulières chez l'homme qui en est atteint. Non seulement parce qu'il touche à son intégrité physique à cause du dysfonctionnement érectile et de l'incontinence urinaire qui sont parfois associés aux traitements, mais également parce qu'il affecte l'image qu'il peut avoir de lui-même ainsi que la perception de son corps, de sa sexualité et de sa vie de couple.

Cela dit, ce n'est pas la même chose de souffrir d'un cancer de la prostate à 49 ans qu'à 82 ans. Un homme de 49 ans est toujours en pleine phase d'activité sexuelle et il lui est encore possible de se reproduire. Outre la peur de mourir jeune, il craindra de perdre ses capacités sexuelles, il risquera de se sentir « fini », « de ne plus être un homme » et il pourra même redouter d'être abandonné par la personne qui partage sa vie. Dans la majorité des cas, il sera prêt à tout faire pour guérir de sa maladie et il voudra se tourner vers les traitements les plus énergiques.

La réaction n'est pas la même pour un homme plus âgé, qui a une vie sexuelle moins active. Ce dernier acceptera généralement plus facilement de ne plus avoir de prostate ou de ne plus pouvoir avoir d'érections. En revanche, il pourra avoir du mal à supporter les effets secondaires de son traitement, l'incontinence urinaire, par exemple, et le fait de devoir passer beaucoup de temps dans les hôpitaux. Il choisira donc peut-être un traitement aux effets secondaires plus « doux ».

LE SOUTIEN DU MÉDECIN

Le patient atteint d'un cancer aura besoin de soutien tout au long de sa maladie. La première personne qui peut lui apporter cette aide psychologique, c'est l'urologue qui le suivra pendant plusieurs années (il sera secondé par un radio-oncologue si le patient a besoin d'une radiothérapie externe ou d'une brachythérapie et par un hémato-oncologue si une chimiothérapie devient nécessaire). L'attitude de l'urologue influera en bonne partie sur l'attitude du patient durant le traitement.

Il faut d'abord savoir que l'éthique professionnelle interdit de cacher le diagnostic au patient, tout comme elle interdit de révéler ce diagnostic à ses proches à son insu. Le patient a le droit de connaître son état de santé afin de pouvoir faire des choix éclairés. Les rares cas où il faut taire le diagnostic, et ce, de façon tout à fait temporaire, c'est quand le patient souffre d'une dépression majeure, est en psychose, a des antécédents de gestes suicidaires ou est inapte à comprendre les explications du médecin.

Dès que le médecin annonce le diagnostic à son patient, il se crée un terrain favorable à une relation de partenariat franche et sincère. Le médecin répond d'abord aux peurs de son patient – la peur d'être opéré et irradié, de perdre ses capacités sexuelles et de mourir – en dédramatisant la situation lorsque cela est fondé et possible.

Il est très rare qu'un patient veuille tout savoir d'un seul coup, dès la première rencontre. Une fois le mot « cancer » prononcé, il se crée un blocage émotif dans l'esprit du patient, de sorte que, sur le moment, il risque fort de ne pas assimiler ce qui suivra. Il lui faut un peu de temps. Le médecin sait faire preuve d'empathie, il sait doser les éléments à aborder et il va au-devant des questions importantes qui peuvent lui être posées.

Il conclura chaque consultation en demandant au patient ce qu'il a retenu de la rencontre. Cela lui permet de revoir les informations mal comprises ou incomplètes. Le patient ne devrait jamais quitter le cabinet du médecin sans avoir obtenu de réponses ou sans avoir bien compris tout ce dont il a été question au cours de la rencontre. C'est aussi à lui de demander des éclaircissements. Être accompagné d'un proche le jour de la consultation peut être une source de réconfort et permet de préciser ce que l'on croit avoir mal compris.

Le patient doit pouvoir prendre une part active au choix de son traitement et c'est pourquoi le médecin doit lui expliquer en détail toutes les options thérapeutiques, leurs effets bénéfiques, leurs effets secondaires et leurs conséquences à long terme. C'est ainsi que le patient peut prendre une décision éclairée, en pesant le pour et le contre de chaque possibilité. Si le soutien du conjoint ou d'un proche est souhaitable dans ce processus, le patient ne doit pas se laisser influencer par leurs opinions. C'est lui et lui seul qui doit décider du traitement vers lequel il veut se tourner, car c'est lui et lui seul qui va vivre avec cette décision et avec les conséquences de son choix.

Si le patient ne s'entend pas bien avec son médecin, il peut en choisir un autre. C'est un droit légitime. Cela n'est pas catastrophique et ne nuira en rien à la suite du traitement.

LE SUIVI MÉDICAL

Qu'il soit atteint d'un cancer localisé ou avancé de la prostate, le patient est suivi pendant au moins cinq ans. Le toucher rectal et le dosage de l'antigène prostatique spécifique (APS), effectués régulièrement, permettent de surveiller l'évolution de la maladie. Le taux d'APS devrait diminuer et rester stable après le traitement. Une hausse indique une récidive probable.

Les hôpitaux qui soignent le cancer – quel qu'il soit – ont de plus en plus une approche multidisciplinaire élargie de la maladie. C'est-à-dire qu'en plus de procurer tous les soins médicaux

FONDER UNE FAMILLE, C'EST ENCORE POSSIBLE

Certains hommes encore jeunes s'inquiètent de ne plus pouvoir avoir d'enfants après le traitement du cancer de la prostate. C'est un fait, l'éjaculation est impossible après une prostatectomie radicale et peu probable après une radiothérapie externe ou une brachythérapie. Quant à l'hormonothérapie, elle rend les relations sexuelles incertaines puisque le patient n'a plus de libido.

Néanmoins, celui qui envisage encore de fonder une famille a la possibilité de faire congeler son sperme avant le début de son traitement. Ainsi, au moment voulu, les médecins pourront procéder à une insémination artificielle de la conjointe. C'est une technique qui fonctionne bien dans la majorité des cas.

requis ils préconisent une vision globale de la personne (aspects psychologique, social, spirituel et religieux). Ce qui signifie qu'ils offrent également les services d'information et de soutien de spécialistes. Cela permet au patient de bénéficier d'un suivi adapté à tous ses besoins, ce qui l'aide à passer au travers de sa maladie.

LA VIE SEXUELLE

Pour bien des hommes, on sait que les répercussions du traitement sur la vie sexuelle constituent le facteur le plus difficile à assumer, car cela touche leur vie affective. Les différents traitements peuvent affecter la fonction érectile. Après une prostatectomie radicale (ablation totale de la prostate) avec préservation des nerfs érectiles, un dysfonctionnement érectile permanent affecte environ 50 % des hommes qui ont subi l'intervention, et lorsque le chirurgien n'a pas pu préserver ces nerfs, le dysfonctionnement affecte pratiquement 100 % des patients. Le problème survient immédiatement, mais l'érection peut s'améliorer progressivement au cours des deux premières années suivant la chirurgie. Après une radiothérapie externe, les troubles de l'érection permanents affectent 40 % à 60 % des hommes. Après une brachythérapie, cette atteinte est moins fréquente, mais elle affecte quand même 20 % à 50 % des hommes traités (*voir chapitre 4*). L'hormonothérapie cause elle aussi un dysfonctionnement érectile, de façon indirecte, puisqu'elle fait disparaître la libido en supprimant les androgènes.

Les traitements affectent aussi l'éjaculation : après une prostatectomie radicale, les hommes sont définitivement incapables d'éjaculer puisque le chirurgien a enlevé la prostate et les vésicules séminales, et a sectionné les canaux déférents. Après une radiothérapie externe ou une brachythérapie, il y a une diminution importante du volume de l'éjaculat et il sera pratiquement impossible pour l'homme de procréer.

QUI FAIT QUOI?

Lorsque de la détresse ou des difficultés surviennent, plusieurs intervenants du milieu hospitalier peuvent venir en aide au patient et à sa famille. Le choix d'un intervenant se fait avant tout en fonction de la nature des problèmes présentés, mais aussi selon les préférences du patient. Afin de prendre une décision éclairée, il est pertinent que le patient en discute avec son médecin traitant ou avec tout autre membre de l'équipe qui l'accompagne dans son suivi médical. Le patient peut profiter de l'apport de plusieurs intervenants en même temps ou de façon successive pendant son parcours médical.

- **Le psychiatre** est un médecin spécialiste qui peut poser un diagnostic sur le problème psychosocial du patient, évaluer les problèmes physiques sous-jacents et prescrire des médicaments. Il peut aussi intervenir au niveau de la douleur. Il peut aider le patient sur plusieurs plans, par exemple, physique et psychologique.

- **Le psychologue** aide à mieux traverser les réactions émotives ou psychologiques relatives à la maladie et aux traitements. Il peut aussi aider à comprendre les réactions des membres de la famille. Le suivi psychologique vise à améliorer la qualité de vie, la santé psychologique et les capacités d'adaptation du patient et de ses proches.

- **Le sexologue** aide le patient et sa partenaire à adapter leur sexualité à la suite des changements survenus après les traitements.

- **Le travailleur social** s'efforce de favoriser le fonctionnement social de l'individu. Il intervient auprès du patient et de son entourage. Il peut aussi les accompagner dans les démarches concrètes pour obtenir l'aide financière requise au cours des traitements du cancer. Il participe avec l'équipe de soins à l'organisation du congé après l'hospitalisation par l'utilisation des ressources disponibles dans la communauté (CLSC, centres de réadaptation, etc.).

- **L'intervenant spirituel** offre un soutien et un accompagnement à la vie spirituelle et religieuse aux personnes hospitalisées ainsi qu'à leurs proches.

Par contre, après la chirurgie ou la radiothérapie externe ou la brachythérapie, la libido et l'orgasme sont préservés et, si les patients récupèrent leur capacité érectile de façon naturelle ou grâce à un traitement, la plupart retrouvent une capacité d'érection qui permet une activité sexuelle satisfaisante.

La situation est différente chez les hommes qui ont suivi une hormonothérapie, car, en bloquant la production de testostérone, ce traitement fait disparaître la libido. Les patients n'ont donc aucun intérêt pour la sexualité. Si le traitement hormonal dure moins d'un an, il est très probable que la libido revienne après le traitement. Mais plus l'hormonothérapie se prolonge, plus la libido risque d'être perdue de façon définitive.

Les traitements oraux du dysfonctionnement érectile

Le Viagra (sildénafil), le Cialis (tadalafil) et le Levitra (chlorhydrate de vardénafil) sont les traitements de choix du dysfonctionnement érectile. Ces médicaments oraux se ressemblent beaucoup : ils ont le même mécanisme d'action et sensiblement les mêmes effets secondaires (les plus courants sont des maux de tête, des rougeurs subites au visage, une congestion nasale et des troubles digestifs). Leur durée d'action varie cependant (4 à 8 heures pour Viagra et Levitra, et 24 à 36 heures pour Cialis). On peut prendre n'importe lequel de ces trois médicaments au besoin, soit entre 30 et 60 minutes avant une relation sexuelle. Le Cialis peut également être pris à faible dose sur une base quotidienne afin d'améliorer la spontanéité des érections. Choisir entre les trois produits est une affaire personnelle, car certains hommes tolèrent mieux un produit que l'autre ou obtiennent de meilleurs résultats avec un produit qu'avec l'autre. Dans tous les cas, le médecin aidera son patient à trouver celui qui lui convient le mieux et pourra lui prescrire un de ces médicaments s'il ne présente pas de contre-indication. De façon spécifique, le patient ne doit pas prendre ces médicaments s'il prend de la nitroglycérine pour traiter l'angine de poitrine, s'il souffre d'hypotension artérielle grave, s'il a des douleurs à la poitrine durant les rapports sexuels ou s'il a récemment été victime d'un accident vasculaire cérébral (AVC) ou d'une crise cardiaque (infarctus).

Ces médicaments contre le dysfonctionnement érectile n'agissent pas sur le cerveau et ne provoquent pas une érection automatique. À la suite d'une stimulation sexuelle, les nerfs érectiles libèrent des substances chimiques (des neurotransmetteurs) qui provoquent une dilatation des vaisseaux sanguins péniens, ce qui se traduit par l'engorgement des tissus du pénis et par une érection. Après un traitement contre le cancer de la prostate, les nerfs érectiles qui ont pu être préservés risquent d'avoir du mal à faire leur travail. Le Viagra, le Cialis et le Levitra empêchent la détérioration naturelle d'une partie des neurotransmetteurs et leur action contribue à maintenir l'érection. Ces médicaments donnent tout simplement un « coup de pouce » au processus normal de l'érection. La durée d'action varie selon le produit choisi et tous permettent d'obtenir une érection en près de 30 minutes.

Cela dit, ces médicaments ne sont pas des aphrodisiaques et l'homme doit être stimulé sexuellement pour qu'ils fonctionnent. Ce ne sont pas non plus des médicaments magiques et ils ne règlent pas les problèmes de couple ou les troubles du désir. Un homme qui souffre du cancer de la prostate et qui ne se sent plus désirable – cela risque d'arriver s'il a une mauvaise perception de lui-même ou si la personne aimée ne le soutient pas comme il en aurait besoin – aura une libido réduite et les comprimés ne seront pas vraiment utiles.

La perte de la libido peut également résulter de l'angoisse de la performance (l'homme désire tellement réussir la relation sexuelle qu'il en perd tous ses moyens), d'une augmentation de la consommation d'alcool ou d'une dépression. Par ailleurs, si le patient suit une hormonothérapie, sa libido est altérée et les comprimés ne sont pas très susceptibles de faire de l'effet.

Chez les hommes qui ont subi une prostatectomie radicale, le Viagra, le Cialis et le Levitra sont efficaces à environ 50 %, une efficacité qui est liée au degré de préservation des nerfs lors de la chirurgie (s'ils sont très endommagés, le médicament n'aura pas d'effet). Pour les hommes qui ont subi une radiothérapie externe ou une brachythérapie, leur efficacité atteint aussi environ 50 % (dans ce cas aussi, les nerfs ont pu être très endommagés). Si ces médicaments ne donnent pas les résultats escomptés, le médecin pourra suggérer d'autres solutions. Quel que soit le traitement, bien des hommes devront prendre ces médicaments à vie.

Les autres solutions

Si le Viagra, le Cialis ou le Levitra ne font pas effet, le médecin peut se tourner vers le suppositoire urétral Muse, l'injection intracaverneuse, la pompe à vide ou, si rien d'autre ne fonctionne, les implants péniens. Sans oublier les méthodes dites « alternatives ».

LA CONSULTATION D'UN SEXOLOGUE EST SOUVENT BÉNÉFIQUE

Un sexologue peut aider le patient et le couple à surmonter et à régler un problème d'origine physique ou à apprendre à vivre avec cette réalité.

Par exemple, le sexologue peut aider les patients à intégrer le traitement médical à la vie sexuelle lorsque l'homme n'est plus capable d'avoir d'érections de façon naturelle. Il les aide aussi à explorer d'autres facettes de leur sexualité, d'autres façons d'exprimer leurs sentiments amoureux. La sexualité peut prendre différentes formes et demeurer tout aussi épanouissante pour l'un et l'autre des conjoints. Ce qui importe, au fond, c'est que la relation sexuelle reste synonyme de communication, d'harmonie et de bonheur partagé.

Lorsqu'il n'y a plus de libido à cause de l'hormonothérapie, le sexologue aide le patient et le couple à assumer la situation afin d'éviter la souffrance, le découragement et la culpabilité.

Le suppositoire urétral (ou Muse)

Muse (Medicated Urethral System of Erection) est un mini-suppositoire de la taille d'un grain de riz qui contient de l'alprostadil et que l'on insère dans le méat urétral (l'ouverture au bout du pénis). On doit ensuite procéder à un massage de la verge à la hauteur du grain de riz pour accélérer l'absorption du produit et accroître son efficacité. Le produit aide les vaisseaux sanguins à se relâcher afin que le pénis s'engorge de sang et devienne rigide. L'érection survient automatiquement en moins de 15 à 20 minutes et dure en général moins d'une heure (qu'il y ait eu éjaculation ou non). Pendant cette période, le pénis peut rester en érection même si le rapport sexuel est terminé. Certains patients qui n'ont pas obtenu de résultats avec les médicaments oraux sont capables d'avoir des érections avec le suppositoire urétral Muse.

Le suppositoire urétral (ou Muse*)

Assis ou debout, étirez lentement le pénis vers le haut au maximum en exerçant une légère pression allant du bout à la base du gland. Cela redresse et ouvre l'urètre.

Insérez lentement la tige de l'applicateur dans l'urètre jusqu'au collet. Il est très important de l'insérer jusqu'au collet pour assurer l'absorption correcte du minisuppositoire médicamenteux.

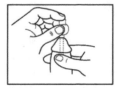

En tenant le pénis vers le haut et en l'étirant au maximum, le rouler fermement entre les mains pendant au moins 10 secondes pour s'assurer que le médicament est correctement réparti le long des parois de l'urètre.

Levez-vous et marchez pendant 10 minutes pendant que l'érection apparaît. Cette activité fait augmenter l'afflux sanguin dans le pénis et améliore la qualité de l'érection. Attendez au moins 10 minutes avant de commencer le rapport sexuel.

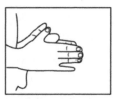

* Muse est une marque de commerce déposée de Vivus Pharmaceuticals.

L'injection intracaverneuse

Elle consiste à injecter directement à l'intérieur des corps caverneux, sur le côté du pénis, un médicament ou un mélange de médicaments (l'alprostadil, la papavérine ou la phentolamine). Sous l'action de ces produits, les vaisseaux sanguins se relâchent et l'organe s'engorge de sang. En moins de 15 minutes, même sans stimulation sexuelle, le pénis peut atteindre une rigidité complète qui durera entre une demi-heure et une heure en moyenne. Ce traitement est efficace dans 85 % à 90 % des cas, quelle que soit la cause du dysfonctionnement érectile. Il est donc plus efficace que le suppositoire urétral Muse ou que les médicaments oraux, mais la plupart des hommes préfèrent, quand c'est possible, prendre un comprimé plutôt que de se faire une piqûre dans le pénis.

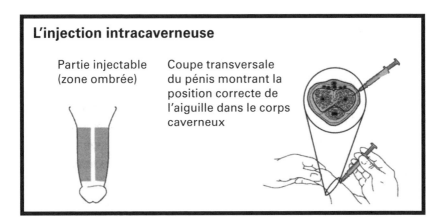

L'injection intracaverneuse

Partie injectable (zone ombrée)

Coupe transversale du pénis montrant la position correcte de l'aiguille dans le corps caverneux

La pompe à vide (ou pompe externe)

La pompe à vide est un cylindre ouvert à une extrémité et relié par une tubulure à une pompe qui permet de faire le vide d'air. Une fois le pénis à l'intérieur de ce cylindre hermétique, le vide créé par la pompe attire le sang dans la verge. Une valve de sécurité permet de limiter la pression pour ne pas endommager les tissus. Cela entraîne une érection automatique en quelques minutes. Une fois l'érection obtenue, on la maintient en enfilant un anneau élastique pour serrer la base du pénis. L'anneau de compression ne doit pas être laissé en place plus de 30 à 45 minutes, sinon les cellules du pénis risquent de manquer d'oxygène et des caillots de sang peuvent se former dans les tissus du pénis. Les hommes qui ont appris à maîtriser cette technique estiment qu'elle est efficace à 80 %.

La pompe à vide (ou pompe externe)

Une fois le pénis à l'intérieur du cylindre, la pompe produit un vide qui attire le sang dans la verge.

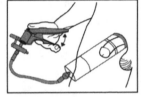

Ce vide produit une érection en quelques minutes.

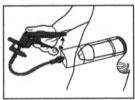

On fait glisser l'anneau de tension du cylindre à la base du pénis et on retire le cylindre.

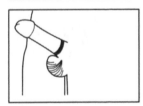

Une fois que l'anneau de tension est retiré du pénis, celui-ci retrouve sa flaccidité habituelle.

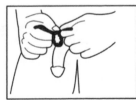

Les implants péniens

Les implants péniens sont des prothèses (des tiges synthétiques) que l'on insère par chirurgie dans les corps caverneux du pénis. On trouve des implants semi-rigides (ou malléables) et des implants gonflables. Avec la prothèse semi-rigide, le pénis est toujours prêt à entrer en action puisqu'il est en semi-érection permanente (suffisante pour permettre la pénétration). Par contre, il est plus difficile à camoufler sous les vêtements, même si les tiges sont assez malléables. Les implants gonflables, eux, sont composés de deux cylindres (prothèses), d'un réservoir d'eau saline (qui fait office de sang) et d'une pompe hydraulique. Les cylindres sont insérés dans le pénis et le réservoir est placé par chirurgie dans l'abdomen. L'ensemble est relié à la pompe insérée dans le scrotum, par chirurgie également. En activant manuellement la pompe, l'eau saline entre dans les cylindres et fait gonfler le pénis. Lorsque la relation sexuelle est terminée, il faut appuyer sur la valve de la pompe pour renvoyer le liquide dans le réservoir. De nos jours, on a recours aux implants quand toutes les autres méthodes ont échoué.

Les méthodes « alternatives »

Certains hommes préfèrent recourir à des méthodes plus « naturelles ». On entend parler de divers produits qui peuvent, apparemment, aider les hommes à avoir une érection : l'androstanédione, la déhydroépiandrostérone (connue sous le nom de DHEA), le ginkgo biloba, la yohimbine, le ginseng, l'avoine cultivée (*Avena sativa*), le tribule terrestre (*Tribulus terrestris*), le turnera diffus (*Turnera diffusa*) et la L-arginine. Les études scientifiques sur ces substances sont rares et leur efficacité n'a pas été prouvée. Actuellement, seule la L-arginine (un acide aminé essentiel) semble vraiment prometteuse et les recherches se poursuivent à son sujet. Pour les autres produits, on ne dispose d'aucune donnée scientifique réellement intéressante.

LE SOUTIEN DE LA FAMILLE

Lorsque le cancer survient, c'est toute la famille qui est bouleversée et désorganisée. En effet, il est normal que les proches du patient, comme lui, ressentent plusieurs émotions comme la peur, la tristesse et la colère. De plus, il est possible que le patient et les personnes qui l'entourent ne vivent pas les mêmes émotions au même moment, ce qui peut compliquer la communication entre eux et contribuer à la détresse de chacun. Au besoin, elle pourra trouver conseil et aide auprès d'un spécialiste, d'organismes communautaires ou de groupes d'entraide (*voir Adresses utiles*).

Pour traverser la maladie, l'homme a grand besoin du soutien de sa famille et des personnes importantes pour lui. Celles-ci pourront lui apporter une aide précieuse, tant émotionnelle que concrète. Il suffit parfois d'une présence chaleureuse, d'une écoute attentive ou d'un service pratique pour montrer au patient qu'il n'est pas seul. Il ne faut pas oublier que l'homme atteint d'un cancer de la prostate demeure avant tout un conjoint, un père, un frère, un fils, un ami, etc., malgré la maladie.

De son côté, le patient a avantage à s'ouvrir à ses proches et à leur faire part de ses émotions et de ses craintes. Cela le soulagera, l'aidera à assumer ses sentiments et à les surmonter. S'ils se sentent concernés, les proches seront plus à l'aise pour offrir leur aide. Ce réconfort peut être extrêmement utile. Cela dit, c'est au patient de choisir ce qu'il désire ou non révéler. Un homme plutôt introverti de nature aura du mal à partager ses états d'âme. Il faut comprendre et respecter cette réalité.

Le diagnostic de cancer et la prise en charge médicale ont souvent un impact important sur le couple. Évidemment, l'effet du traitement du cancer sur les rapports sexuels constitue une préoccupation courante. L'homme qui souffre d'un dysfonctionnement érectile ou qui n'a plus de libido peut craindre de voir son couple se désagréger et de perdre la personne aimée. En outre, s'il est très malade et s'il ne peut plus travailler, sa conjointe sera peut-être contrainte de combler le manque à gagner, tandis que lui-même devra passer plus de temps à l'hôpital. On voit que l'équilibre du couple peut rapidement se déstabiliser. Si des conflits ou des insatisfactions surviennent entre les membres du couple, une consultation psychosociale avec un spécialiste s'avérera sans doute d'une grande utilité.

Néanmoins, même si le cancer bouleverse le couple, il est rare qu'il le détruise lorsque la relation est solide. Un couple uni se donnera assez d'amour et, au besoin, trouvera une nouvelle façon d'exprimer sa tendresse et sa sexualité.

Chez les couples plus âgés, l'impact de la maladie se fera surtout sentir en raison des complications des traitements (comme l'incontinence urinaire) et du vieillissement, qui rendent plus difficiles les déplacements fréquents chez le médecin. Il est possible que la conjointe et le réseau familial et social du patient éprouvent des difficultés à faire face à ses nouvelles demandes. Ils ne doivent pas hésiter à demander de l'aide à l'équipe soignante afin de les soutenir dans leurs efforts.

AUCUN MALADE N'EST OBLIGÉ DE SE RÉSIGNER

Contrairement à ce qu'entendent trop souvent les patients, personne n'est tenu d'accepter sa maladie. Il sera déjà assez difficile d'apprendre à vivre avec elle. On peut reconnaître la présence du cancer, la nécessité des traitements et leurs effets secondaires. Pour le reste, il est difficile d'accepter de perdre la maîtrise de sa vie. Aucun malade n'est obligé de se résigner.

Une attitude combative, où le patient refuse de baisser les bras, est très souvent d'un grand secours pour le moral. C'est peut-être aussi la meilleure façon de faire face aux jours difficiles.

LE SOUTIEN PSYCHOSOCIAL SPÉCIALISÉ

Outre le médecin, le patient trouvera aide et réconfort auprès de l'équipe soignante (les infirmières, les technologues de radio-oncologie, les bénévoles, les professionnels, etc.). La plupart du temps, l'inquiétude du patient se résorbe au fur et à mesure que le traitement progresse et que le patient sait mieux ce qui l'attend.

Mais certains hommes ont de la difficulté à s'adapter à la maladie et aux traitements. Le patient peut avoir tendance à se refermer sur lui-même, à s'isoler et à se décourager. Il est possible qu'il fasse une dépression, devienne très anxieux ou même se tourne vers l'alcool. Le patient a parfois de la difficulté à dormir, à se concentrer et s'intéresse moins à ses activités qu'avant.

Certains vont jusqu'au suicide, mais c'est extrêmement rare. Les proches doivent rester attentifs aux comportements inhabituels, en parler au médecin traitant ou demander une consultation spécialisée. Le médecin peut aussi juger si son patient requiert un soutien particulier et lui conseiller de consulter quelqu'un. S'il en ressent lui-même le besoin, le patient ne doit jamais hésiter à consulter un spécialiste.

Soulignons qu'environ 40 % à 45 % des hommes atteints d'un cancer de la prostate auront besoin d'une intervention psychosociale à un moment ou à un autre de leur cheminement.

Par exemple, il n'est pas rare qu'un homme ressente de l'angoisse à la fin de son traitement, quel qu'il soit. Il s'est bien acclimaté tout au long du traitement, il a eu des contacts réguliers et sécurisants avec son médecin, et il a fini par reprendre le contrôle de son existence. Le jour où il apprend que le traitement est terminé, qu'il est en rémission et qu'il n'a plus besoin de venir voir son médecin pendant un certain temps, l'inquiétude peut refaire surface. Le patient a peur que sa maladie réapparaisse alors qu'il ne sera plus suivi d'aussi près par le médecin. Cette angoisse peut le ramener en consultation.

L'évolution de la maladie peut mener à la récidive (le cancer revient après les traitements), à l'apparition de métastases et au développement de conséquences chroniques (douleur, problèmes de nature sexuelle ou urinaire). Lorsque c'est le cas, les patients ont plus souvent besoin de soutien, tant de leurs proches que de professionnels, pour s'adapter à leur nouvelle réalité.

Pour certains patients, le cancer ne peut plus être guéri. L'évolution de la maladie peut être courte ou longue, et éventuellement conduire le patient aux soins palliatifs. L'acception de la fin de vie et de la mort n'est pas facile pour la plupart des patients. Ceux-ci peuvent vivre, entre autres, de la déception, de la colère, de la tristesse et de la peur. Si la détresse est trop grande, il est pertinent pour le patient et ses proches d'être accompagné par un professionnel comme un psychologue ou un psychiatre, ou par un intervenant spirituel. Ceux-ci n'auront pas toujours besoin d'intervenir après des patients en soins palliatifs. Beaucoup d'entre eux finissent par trouver un apaisement, voire une sérénité face à cette nouvelle étape de leur vie. »

Afin de favoriser le bien-être psychologique pendant tout le processus de la maladie, il est important pour les patients de maintenir le plus possible leurs activités physiques, sociales et de

DÉPASSER LA PUDEUR ET LA GÊNE

C'est bien connu, les hommes ont moins tendance que les femmes à consulter un spécialiste pour un problème psychologique. Ils ont plus de pudeur, sont plus renfermés et certains ont l'impression que rencontrer un spécialiste porte atteinte à leur masculinité. Et cela ne change pas vraiment avec l'âge.

Ce ne sont pas tous les hommes atteints d'un cancer de la prostate qui auront besoin de l'intervention d'un professionnel. Environ 55 % à 60 % des patients parviennent à s'en passer. Quant aux autres, même s'ils trouvent cela difficile et gênant, ils ne doivent surtout pas hésiter à décrocher le téléphone pour prendre rendez-vous. Cela peut avoir un effet bénéfique sur leur qualité de vie, pendant et après le traitement.

loisirs. Le plaisir peut s'avérer un antidote au découragement, au pessimisme et à l'anxiété. Lorsque des limitations surviennent en raison de la maladie ou des traitements, il est souvent nécessaire de trouver des moyens pour adapter les activités agréables et les contacts sociaux pour qu'ils demeurent satisfaisants.

LES AUTRES FORMES DE SOUTIEN

En plus du médecin, de l'équipe soignante, de la famille, du psychiatre, du psychologue, du travailleur social et de l'intervenant spirituel, beaucoup d'autres personnes sont prêtes à aider les patients et les familles à surmonter l'épreuve du cancer de la prostate.

Il existe des organismes locaux et nationaux qui offrent des conseils sur l'adaptation à la maladie et aux traitements. Certains offrent aussi un soutien psychosocial, des soins à domicile et de l'aide aux déplacements.

Quant aux groupes de soutien locaux, ils sont constitués de personnes atteintes du cancer. Pour bien des patients, le fait de pouvoir parler avec d'autres hommes qui sont aux prises avec le cancer de la prostate leur procure un grand bienfait. Cela peut apporter compréhension et encouragement.

Le médecin et les autres membres de l'équipe soignante peuvent fournir la liste des organismes locaux et nationaux, de même que les coordonnées des groupes de soutien (*voir Adresses utiles*).

CHAPITRE 7
GUIDE NUTRITIONNEL

Le cancer de la prostate continue d'être un important problème de santé publique au Canada. C'est le cancer le plus souvent diagnostiqué chez les hommes et leur troisième principale cause de décès par cancer. Au Canada, le risque moyen de se faire diagnostiquer un cancer de la prostate au cours de sa vie est d'environ 17 %, soit un Canadien sur sept ! Les causes de cette pathologie courante restent mal connues, mais nous commençons à découvrir de plus en plus de choses sur l'importance du rôle de l'alimentation dans l'apparition ou la progression d'un cancer de la prostate à ses débuts. C'est la raison pour laquelle nous pensons que des modifications du régime alimentaire, éventuellement associées à un apport en micronutriments, peuvent avoir un impact sur le cancer de la prostate. Dans ce chapitre, nous passerons en revue certaines des données épidémiologiques sur ce cancer qui nous ont conduits à penser que l'alimentation joue un rôle si important. Nous nous pencherons ensuite sur diverses stratégies diététiques qui peuvent être utilisées, seules ou en association, pour chercher à limiter le risque de cancer de la prostate ou en retarder la progression chez ceux qui en sont déjà atteints.

L'ÉPIDÉMIOLOGIE DU CANCER DE LA PROSTATE

Il y a quatre facteurs qui nous permettent de penser que l'environnement et les facteurs diététiques peuvent jouer un rôle important dans l'apparition ou la progression du cancer de la prostate. Le premier de ces facteurs est qu'il existe des variations considérables de la prévalence du cancer de la prostate dans le monde. Il y a des régions, en particulier l'Extrême-Orient, où le diagnostic du cancer de la prostate est rare et où le risque d'en mourir est très faible. La Chine et le Japon en sont les archétypes. Le Japon, en particulier, est souvent cité en exemple, car les soins du cancer et les statistiques sur cette maladie y sont très avancés. En revanche, lorsqu'on examine les statistiques sur le cancer de la prostate des pays occidentaux, notamment l'Europe du Nord et l'Amérique du Nord, cette maladie est de plus en plus répandue.

Le deuxième fait intéressant sur le cancer de la prostate est que les hommes qui émigrent de régions où le risque est faible tendent à acquérir le niveau de risque qui prévaut dans leur pays d'accueil. Prenons le cas des Américains d'origine chinoise ou japonaise, par exemple. Au Japon, un homme a un risque moyen de mourir du cancer de la prostate environ huit fois moins élevé qu'en Amérique, mais quand un Japonais a émigré aux États-Unis, ce risque n'est plus que deux fois moins élevé. Il semble que le risque augmente après 9 à 12 ans de résidence dans le pays d'accueil. Cette observation est extrêmement importante, car si la protection naturelle dont bénéficient les Chinois et les Japonais était due à des facteurs génétiques, elle devrait persister lorsqu'ils vont vivre ailleurs dans le monde. Par contre, si elle repose sur des facteurs environnementaux ou diététiques, on peut effectivement s'attendre au type de changements que l'on observe. Cela montre qu'il n'y a pas de différence innée chez les Chinois ou les Japonais pour ce qui est de la protection contre le cancer de la prostate, mais que leur moindre niveau de risque s'explique probablement par une particularité de leur environnement ou de leur alimentation.

La troisième caractéristique intéressante à propos du cancer de la prostate est qu'il se présente essentiellement sous deux formes. L'une, que l'on appelle « cancer latent » et qu'on ne décèle généralement qu'à la suite d'une autopsie, fait référence à de minuscules zones de cancer de la prostate qui se développent chez les hommes au fur et à mesure qu'ils vieillissent. On pourrait presque considérer ce cancer comme faisant partie intégrante du processus de vieillissement, tout comme l'apparition des cheveux gris et des rides. Lorsqu'on examine la prostate d'hommes qui sont décédés d'autres causes, au moins 80 % des hommes de plus de 80 ans ont des zones microscopiques de cancer de la prostate. Fait intéressant, il semble que ce soit le cas même dans les pays, comme la Chine ou le Japon, où l'incidence du cancer de la prostate et la mortalité qui y est associée sont faibles.

L'autre forme de cancer de la prostate est celle qui fait l'objet d'un diagnostic clinique et qui peut entraîner la mort. Ces cancers sont extrêmement rares au Japon et en Chine, mais courants en Amérique du Nord. En réalité, si l'on compare les cancers de la prostate cliniques et latents, la principale différence est l'étendue de la maladie et la quantité de zones atteintes dans la prostate. Les hommes atteints d'un cancer clinique ont aussi tendance à avoir un type de cancer qui se développe plus vite. Ce que l'on conclut actuellement de cette observation, c'est qu'une caractéristique environnementale, comme le régime alimentaire, est responsable de la conversion de minuscules zones de cancer de la prostate en cancers cliniques dans les régions du monde où l'environnement n'est pas favorable, comme l'Amérique du Nord.

La quatrième observation clinique intéressante sur le cancer de la prostate est que c'est en fait une maladie qui frappe les hommes dans la trentaine. Des études détaillées basées sur des autopsies de la prostate pratiquées chez de jeunes accidentés ont montré que la prostate d'un homme dans la trentaine sur trois abritait un cancer microscopique. Donc, bien que le cancer de la prostate tende à se déclarer chez des hommes de 50 à 80 ans, il était déjà présent chez eux depuis un certain temps. L'intérêt de cette observation est que si l'on peut ralentir la progression du cancer de la prostate en évitant que certaines des petites tumeurs présentes chez des hommes dans la trentaine ne se transforment en tumeurs d'importance clinique lorsqu'ils vieillissent, il est alors possible d'empêcher le cancer de la prostate d'atteindre le stade clinique et de faire en sorte que ces hommes mourront d'autres causes naturelles sans jamais savoir qu'ils avaient de petites tumeurs à la prostate, ce qui correspond à la situation qui prévaut en Extrême-Orient. Ainsi, en ralentissant ne serait-ce que légèrement ce processus, on pourrait, compte tenu du temps que prend ce cancer à se développer, avoir un impact spectaculaire sur ce problème.

On peut donc espérer qu'en modifiant le régime alimentaire tôt ou tard au cours de la vie ou en faisant consommer certaines associations de micronutriments, on parvienne à ralentir la croissance des cellules cancéreuses préexistantes chez les jeunes hommes de façon qu'ils ne sachent jamais qu'ils étaient porteurs du cancer de la prostate. Cette même stratégie pourrait éventuellement être aussi utilisée chez des hommes qui ont un cancer de stade plus avancé et chez qui quelques cellules cancéreuses demeureraient dans l'organisme à la suite d'une chirurgie ou une radiothérapie, par exemple.

LES GRAISSES ALIMENTAIRES

Il existe une relation constante entre la consommation de graisses alimentaires et l'apparition du cancer de la prostate. Les Extrême-Orientaux ne consomment pas beaucoup de graisses. Quatre grandes théories associent la consommation de graisses alimentaires et le cancer de la prostate; nous allons les examiner rapidement. La première est que les personnes qui consomment une grande quantité de graisses alimentaires ont tendance à produire plus d'hormones mâles comme la testostérone. Ce phénomène a été démontré dans de nombreuses études, dont des études sur des jumeaux monozygotes et sur des prisonniers. Comme la prostate est une glande reproductrice mâle, elle est sensible aux androgènes et une quantité plus importante de cette hormone peut donc augmenter le risque de cancer.

La seconde théorie est que ce ne seraient pas les graisses alimentaires en soi, mais plutôt des contaminants environnementaux comme les pesticides (qui se dissolvent dans les graisses et passent dans la chaîne alimentaire) qui seraient essentiellement responsables du cancer de la prostate. Certains pesticides ont des propriétés analogues à celles de la testostérone et pourraient par conséquent être responsables de ce phénomène. Ce ne seraient donc pas les graisses alimentaires qui sont nocives : elles ne seraient que le moyen de transport d'autres substances nocives.

La troisième théorie est que certains acides gras pourraient être en cause. Dans diverses études, des acides gras comme l'acide linoléique et autres ont été associés au cancer de la prostate. Dans ce contexte, il se peut que certains corps gras, et en particulier les graisses saturées – que l'on trouve dans les produits d'origine animale –, accroissent le risque de cancer de la prostate.

La quatrième et dernière hypothèse est que les hommes qui consomment de grandes quantités de graisses alimentaires subissent plus de stress oxydatif. Le stress oxydatif est un processus qui provoque le vieillissement cellulaire. Des molécules de radicaux libres se forment et endommagent les structures cellulaires ainsi que certains mécanismes importants qui tendent à prévenir l'apparition spontanée de cancers en général. La prostate est particulièrement sensible au stress oxydatif. D'où les avantages potentiels des antioxydants dans la prévention du cancer de la prostate, dont il sera question plus loin.

Selon les résultats de certaines études cliniques, les hommes qui consomment peu de graisses alimentaires ont moins de risques d'être victimes d'un cancer de la prostate et surtout d'un cancer avancé que ceux qui en consomment beaucoup. Une étude réalisée au Québec a permis de constater que les hommes atteints d'un cancer de la prostate déclaré qui consommaient de grandes quantités de graisses alimentaires décédaient trois fois plus vite de leur cancer ! Bien que nous n'ayons pour l'instant aucune preuve concluante que la réduction de la consommation de graisses puisse modifier l'issue du cancer de la prostate, nous considérons que ces données justifient que les hommes atteints du cancer de la prostate ou présentant un risque élevé fassent l'effort de réduire leur consommation de graisses alimentaires pour qu'elles ne représentent qu'environ 20 % à 25 % de l'apport total en calories.

LA VITAMINE E

La vitamine E est le principal antioxydant intracellulaire. On la trouve surtout dans les huiles végétales, mais on la prend souvent sous la forme d'un supplément alimentaire, l'alphatocophérol. On a longtemps cru que la vitamine E était inoffensive, mais des études récentes ont remis son innocuité en question dans le cas de doses élevées.

Selon diverses études, il semble que la vitamine E soit capable de ralentir la croissance des cellules du cancer de la prostate et leur taux de renouvellement. Dans un essai de grande envergure, on a pu constater une réduction d'un tiers du risque de développer un cancer de la prostate chez des hommes à qui on avait aléatoirement fait prendre de la vitamine E quatre ans après une opération ; et six ans après le début de l'étude, leur risque de mourir de cette maladie avait diminué de 42 %. Cette étude a été réalisée en Finlande auprès de fumeurs et il semble que la vitamine E soit particulièrement bénéfique dans ce groupe.

Des essais cliniques de grande envergure ont étudié le rôle de la vitamine E dans la prévention du cancer de la prostate et la conversion d'un précancer de la prostate (ou néoplasie intraépithéliale prostatique). Ces études se sont déroulées en Amérique du Nord et l'une d'elles a été menée par l'Institut national du cancer du Canada. Les résultats de ces études ont été plutôt décevants. Dans l'étude menée par l'Institut national du cancer du Canada auprès d'hommes présentant une néoplasie intraépithéliale prostatique de haut grade, une poudre contenant de la vitamine E n'a montré aucun effet bénéfique en matière de réduction du risque de voir la maladie évoluer vers un cancer. Quant à l'étude de grande envergure SELECT, elle n'a montré aucun effet bénéfique associé à la prise de 400 UI de vitamine E pour prévenir le cancer de la prostate. En fait, une réanalyse récente permet de penser qu'on court même plus de risque de développer un cancer de la prostate si on prend de la vitamine E. Ces nouvelles données semblent donc indiquer qu'il est plus prudent de ne pas dépasser la dose quotidienne recommandée de vitamine E.

LE SÉLÉNIUM

Le sélénium est un oligoélément que l'on trouve couramment dans le sol de certaines parties du monde. À part dans les noix du Brésil, on ne trouve pas régulièrement de sélénium dans les aliments. De récentes études ont examiné l'efficacité du sélénium dans la prévention de divers cancers, dont celui de la prostate. Dans une étude de grande envergure effectuée dans le sud-ouest des États-Unis, la prise de sélénium a été associée à une spectaculaire réduction de 70 % de l'apparition du cancer de la prostate au bout de 10 ans. Il s'agissait aussi d'un essai clinique aléatoire à double insu, ce qui accroît la crédibilité de l'observation. D'autres travaux scientifiques de nature épidémiologique ou réalisés en laboratoire ont montré que le sélénium favorise la réparation de l'ADN, le ralentissement du renouvellement des cellules et l'induction de la mort cellulaire. Ces effets ont notamment été remarqués dans le cas de cellules cancéreuses de la prostate.

Le sélénium doit être utilisé avec précaution. Des doses importantes peuvent provoquer une sélénose et des études récentes permettent de penser que les personnes qui consomment du sélénium depuis longtemps peuvent présenter un risque plus élevé de cancers secondaires de la peau et même de diabète. Actuellement, on recommande aux patients de prendre 100 à 200 microgrammes de sélénium par jour. Comme pour la vitamine E, d'importantes études cliniques sont en cours auprès d'hommes présentant une néoplasie intraépithéliale prostatique de haut grade et, en général, la prévention du cancer s'est avérée négative (sans effets bénéfiques). Il est donc clair que d'autres études sont nécessaires et que les données dont nous disposons ne nous incitent pas à recommander de prendre des suppléments de sélénium.

LE LYCOPÈNE

Le lycopène est lui aussi un antioxydant intracellulaire important. Les principales sources de lycopène sont les produits transformés à base de tomate, comme le jus, la soupe, le concentré et la sauce tomate. Parmi les autres sources de lycopène, on compte la pastèque et la goyave. Il semble qu'un apport d'environ 50 mg de lycopène par jour soit suffisant.

Diverses études ont montré qu'un supplément de lycopène peut améliorer plusieurs aspects du cancer de la prostate, notamment le ralentissement la croissance tumorale et la mort des cellules cancéreuses dans le cas du cancer de la prostate établi chez l'humain. Plusieurs études concluantes sont en cours sur le lycopène, bien qu'aucune nouvelle étude ne soit actuellement entreprise. Une récente étude menée par un groupe de l'Université de Toronto a montré que, en association avec le sélénium et la vitamine E, le lycopène est particulièrement efficace pour réduire le renouvellement cellulaire, ralentir la croissance tumorale et provoquer la mort des cellules cancéreuses.

Le lycopène se présente sous forme de suppléments, mais la consommation de grandes quantités de jus de tomate (de l'ordre d'un demi-litre par jour) peut éviter de devoir en prendre. Si l'on préfère un supplément, il est suggéré d'en prendre de 20 mg à 50 mg par jour.

LES PROTÉINES DE SOYA

Du fait des faibles taux de cancer de la prostate en Chine et au Japon, où l'on consomme régulièrement du soya, on s'est beaucoup intéressé à l'étude des propriétés bénéfiques du soya sur le cancer. Pour ce qui est de la prévention du cancer de la prostate, on sait que le soya contient un œstrogène naturel qui peut équilibrer les androgènes. Il y a aussi des mécanismes hormonaux additionnels par lesquels le soya peut inhiber l'apparition et la progression du cancer. En fait, toute une nouvelle classe de médicaments utilisés en chimiothérapie repose sur des mécanismes d'inhibition similaires à ceux du soya. Diverses études approfondies sont en cours sur cette plante. Il est actuellement recommandé de prendre 50 mg à 60 mg de protéines de soya par jour aux patients qui désirent ce type de traitement en complément aux formes habituelles du traitement du cancer de la prostate.

La consommation de soya peut s'accompagner de ballonnements et de gaz intestinaux. On peut aussi observer un léger gain de poids. Dans les prochaines années, d'autres études devraient préciser le rôle du soya dans le cancer de la prostate. Jusqu'ici, toutefois, des études sur les suppléments de soya n'ont pas montré d'effets bénéfiques en ce qui concerne le ralentissement de l'évolution de la néoplasie intraépithéliale prostatique de haut grade vers le cancer invasif. D'autres études seront bientôt publiées.

LE THÉ VERT

Comme pour le soya, on s'intéresse beaucoup aux propriétés médicinales du thé vert. Le thé vert est riche en catéchines. Ces composés ont d'importantes propriétés antitumorales. Une petite étude menée récemment en Italie sur des hommes au stade du précancer suggère que des suppléments de thé vert peuvent en inhiber la transformation en cancer. Bien qu'il ne s'agisse que d'une petite étude, elle permet de penser que la consommation de thé vert peut être bénéfique pour les hommes atteints du cancer de la prostate.

LA RÉSISTANCE À L'INSULINE

L'obésité et le diabète continuent d'être un grave problème dans le monde occidental, surtout en Amérique du Nord. Le taux d'obésité monte en flèche, de même que le taux de diabète. Le diabète de type 2 n'est pas un problème de manque d'insuline, mais plutôt une pathologie dans laquelle les cellules deviennent résistantes à l'effet de l'insuline. Des chercheurs ont récemment mené des études sur l'impact des glucides sur la progression du cancer de la prostate. Ces études permettent de penser que, chez les animaux qui ont un faible niveau d'insuline et qui consomment donc peu de glucides, la croissance des tumeurs serait plus lente. Bien que d'autres travaux soient nécessaires, ces résultats impliquent qu'il serait souhaitable d'accroître les quantités de glucides complexes et de minimiser – et si possible d'éviter – la consommation de glucides simples tels que ceux que l'on trouve dans les friandises, les jus et les boissons sucrées. En fait, c'est l'index glycémique qui semble diriger ce processus. On sait que l'insuline permet aux cellules cancéreuses de se développer plus vite et nous pensons que c'est là le mécanisme sous-jacent. Les patients atteints du cancer de la prostate sont donc incités à réduire leur consommation de sucres simples.

LES GRAINES DE LIN

Les graines de lin contiennent divers composés bénéfiques. Ce sont des sources de phytoestrogènes et elles contiennent également des acides gras qui peuvent avoir un effet bénéfique dans le contexte du cancer de la prostate. Des études complémentaires sont en cours. Pour le moment, les patients sont incités à prendre des graines de lin même si la littérature scientifique sur le sujet est loin d'être aussi concluante que pour les autres stratégies mentionnées.

LA VITAMINE D

En dépit de son nom, la vitamine D n'est pas vraiment une vitamine, mais une hormone qui se synthétise sous l'effet du soleil. La majorité des Canadiens, en particulier les personnes âgées, manquent de vitamine D, surtout l'hiver. Compte tenu de ce fait, de nombreuses études ont suggéré que la carence en vitamine D pouvait être associée à l'apparition du cancer de la prostate et à sa progression. Il est recommandé à tous les Canadiens de prendre des suppléments de vitamine D ainsi qu'aux hommes atteints du cancer de la prostate ou présentant un risque élevé. Des doses allant jusqu'à 1500 UI semblent sécuritaires et sont recommandées.

CE QU'IL FAUT RETENIR

- L'alimentation joue un rôle important dans l'apparition et la progression du cancer de la prostate même si l'ensemble des données abordées dans ce chapitre reste spéculatif et en évolution. En adoptant les stratégies diététiques décrites ci-dessus, il est possible d'obtenir des résultats tangibles tant pour prévenir le cancer de la prostate que pour en ralentir la progression.

- Même si d'importants essais cliniques ont été plutôt décevants, il est fortement recommandé de s'alimenter sainement, ce qui implique de consommer peu de graisses animales, une quantité minimale de viande rouge et d'avoir une alimentation riche en fruits et légumes, et pauvre en sucres simples.

- Le changement des habitudes alimentaires a aussi des avantages pour la prévention des maladies cardiovasculaires et d'autres cancers comme le cancer du côlon. Il ne faut pas oublier que l'on parvient à guérir de nombreux hommes atteints du cancer de la prostate ou que leur risque d'en mourir est minime et qu'un changement de régime alimentaire peut avoir des effets tangibles sur les autres maladies.

- Il est évident que plus d'études sur ce sujet sont nécessaires. Mais en attendant, il est vivement recommandé de choisir judicieusement ses aliments.

ADRESSES UTILES

QUÉBEC

Association des urologues du Canada (AUC)
185, avenue Dorval, bureau 401
Dorval (QC) H9S 5J9
514-395-0376
www.cua.org

Les médecins membres de l'Association sont responsables du contenu mis en ligne sur le site cua.org, dans la section Information des patients, où l'on trouve des brochures contenant une information fiable à l'intention des patients et de leurs proches.

Association des urologues du Québec (AUQ)
2, Complexe Desjardins, Tour de l'est, 32e étage
Montréal (QC) H5B 1G8
514-350-5131
Ailleurs sans frais : 1-800-561-0703
www.auq.org

L'Association possède un site Internet destiné, entre autres, à fournir de l'information aux patients et au grand public sur le cancer de la prostate.

Fondation québécoise du cancer
2075, rue de Champlain
Montréal (QC) H2L 2T1
514-527-2194
Ailleurs sans frais : 1-877-336-4443
Service Info-cancer : 1-800-363-0063
Consulter le site pour connaître les centres régionaux.
www.fqc.qc.ca

La Fondation consacre ses ressources au soutien des personnes touchées par le cancer et de leurs proches. Ses services sont axés sur l'hébergement, l'information et l'accompagnement.

Groupe de soutien du cancer de la prostate
Hôpital Notre-Dame (CHUM)
Pavillon Mailloux Nord, 1er étage, porte K1253-13
1560, rue Sherbrooke Est, Montréal (QC) H2L 4M1
514 890-8000, poste 24619
www.gscpchum.org

Le Groupe de soutien du cancer de la prostate a pour mission d'apporter un soutien moral aux personnes atteintes du cancer de la prostate et à leurs proches. L'information et les services qu'il propose permettent de mieux comprendre la maladie, d'en saisir l'évolution et de différencier les tenants et aboutissants des divers traitements. Les activités et les services offerts sont le soutien téléphonique ainsi que des conférences et des ateliers d'information et de discussion.

PROCURE - Halte au cancer de la prostate
1320, boulevard Graham, bureau 110
Ville Mont-Royal (QC) H3P 3C8
514-341-3000
Ligne sans frais 24/7 : 1 855 899-2873
info@procure.ca
www.procure.ca

PROCURE a pour mission de fournir aux scientifiques et à l'humanité les moyens de contribuer à la prévention et à la guérison du cancer de la prostate. C'est le seul organisme de bienfaisance au Québec qui se consacre entièrement à la lutte contre le cancer de la prostate par la recherche, la sensibilisation, l'information et le soutien des hommes souffrant de cette maladie, de même que de leurs proches. En contactant l'organisme, on peut s'informer sur la biobanque de recherche, les conférences d'information, les activités de sensibilisation, les groupes de soutien et le soutien téléphonique avec un professionnel de la santé ou un homme qui a combattu la maladie.

Société canadienne du cancer (SCC)
5151, boulevard de l'Assomption
Montréal (QC) H1T 4A9
514-255-5151
Ligne d'information sans frais : 1-888-939-3333
Consulter le site pour connaître les bureaux régionaux au Québec.
www.cancer.ca

Organisme bénévole national, à caractère communautaire, dont la mission est l'éradication du cancer et l'amélioration de la qualité de vie des personnes touchées par le cancer. Il offre un vaste éventail d'informations et met en place des programmes de soutien pour les personnes atteintes de cancer, dont le cancer de la prostate.

CANADA

**Cancer de la prostate Canada (CPC) et
Réseau de cancer de la prostate Canada (RCPC)**
2 Lombard Street, 3rd Floor
Toronto (ON) M5C 1M1
1-416-441-2131
Ailleurs sans frais : 1-888-255-0333
www.prostatecancer.ca

Le Réseau de Cancer de la Prostate Canada offre des ressources de soutien aux hommes et à leurs proches qui reçoivent un diagnostic de cancer de la prostate. Il est composé de plus de 70 groupes de soutien de toutes les régions du Canada, qui fournissent des services de base par l'intermédiaire de réunions mensuelles entre pairs, de programmes de sensibilisation, d'événements éducatifs spéciaux, de programmes de sensibilisation et de présentations devant des clubs philanthropiques, dans des foires de santé communautaire et autres.

Service d'information sur le cancer de la prostate
Parlez à un spécialiste de l'information dès aujourd'hui !
1-855-PCC-INFO (1-855-722-4636)
support@prostatecancer.ca

Les patients et leur cercle de soins, le grand public et les professionnels de la santé peuvent communiquer directement et sans frais avec des spécialistes du cancer de la prostate.

Société canadienne du cancer (SCC)
Bureau national
55 St. Clair Avenue West Suite 300
Toronto (ON) M4V 2Y7
416-961-7223
Information sur le cancer et soutien sans frais : 1-888-939-3333
(TTY 1-866-786-3934)
ccs@cancer.ca
Consulter le site web pour obtenir les coordonnées des différents bureaux au Canada.
www.cancer.ca

Organisme bénévole national, à caractère communautaire, dont la mission est l'éradication du cancer et l'amélioration de la qualité de vie des personnes touchées par le cancer. Il offre un vaste éventail d'informations et met en place des programmes de soutien pour les personnes atteintes de cancer, dont le cancer de la prostate.

The Prostate Centre (en anglais)
Princess Margaret Hospital
610 University Avenue, 4th Floor
Toronto (ON) M5G 2M9
1-416-946-2000 (hôpital)
www.prostatecentre.ca

Le Prostate Centre offre des services de soutien et de prévention aux patients atteints du cancer de la prostate et à leur famille. On y trouve également une bibliothèque spécialisée et le groupe de bénévoles Man to Man, qui répond aux questions. Le site Web offre de l'information au public sur le cancer de la prostate.

GLOSSAIRE*

Abdomen : partie du corps située sous le thorax, comprenant des organes comme l'intestin, le foie, les reins, l'estomac, la vessie et la prostate.

Ablation : action d'enlever. Ex. : dans la gestion du cancer de la prostate, l'ablation hormonale implique l'usage de techniques hormonales visant à réduire la propagation des cellules prostatiques cancéreuses. La cryoablation est un terme désignant l'usage de la surgélation pour réduire le nombre de cellules prostatiques vivantes et de cellules prostatiques cancéreuses.

Acétate de buséréline : analogue de la LH-RH (hormone de libération de la gonadotrophine), utilisé dans l'hormonothérapie palliative du cancer avancé de la prostate et, parfois, dans l'hormonothérapie adjuvante et néoadjuvante du cancer de la prostate à un stade précoce.

Acétate de gosereline : analogue de la LH-RH (hormone de libération de la gonadotrophine) utilisé dans l'hormonothérapie palliative du cancer avancé de la prostate et, parfois, dans l'hor-

* Publié avec l'aimable autorisation de Procure.
  Le site Internet www.procure.ca s'adresse aux personnes cherchant de l'information sur la prévention, le diagnostic et le traitement du cancer de la prostate.

monothérapie adjuvante et néoadjuvante du cancer de la prostate à un stade précoce.

Acétate de leuprolide: analogue de la LH-RH (hormone de libération de la gonadotrophine) utilisé dans l'hormonothérapie palliative du cancer avancé de la prostate et, parfois, dans l'hormonothérapie adjuvante et néoadjuvante du cancer de la prostate à un stade précoce.

Adénocarcinome: cancer qui se développe aux dépens de tissus glandulaires, comme ceux de la prostate. Cette forme de cancer se développe à partir d'une anomalie maligne dans les cellules glandulaires qui tapissent la paroi des organes. La quasi-totalité des cancers de la prostate sont des adénocarcinomes.

Adjuvant: se dit d'un produit que l'on ajoute à un médicament ou à un traitement. Ex.: l'hormonothérapie adjuvante est une hormonothérapie que l'on ajoute à une autre forme de thérapie.

ADN: acide désoxyribonucléique. Molécule fondamentale biologiquement active qui détient les instructions codées sur le développement et la croissance physiques de presque tous les organismes vivants.

Adrénalectomie: ablation chirurgicale de l'une des glandes surrénales ou des deux glandes surrénales (également nommée « surrénalectomie »).

Ajustement en fonction de l'âge: modification qui tient compte de l'âge d'une personne ou d'un groupe de personnes. Par exemple, les données sur le taux de survie des personnes atteintes du cancer de la prostate et la valeur normale moyenne de l'APS peuvent être ajustées selon l'âge des groupes d'hommes.

Alphabloquant: famille de médicaments qui agit sur la prostate en relaxant certains types de tissus musculaires. Ces produits sont souvent utilisés dans le traitement de l'hypertrophie bénigne de la prostate (HBP).

Analogue: substance chimique synthétique ou médicament agissant de façon très similaire à une substance naturelle présente dans le corps humain.

Analogue de la LH-RH: hormone artificielle chimiquement similaire à la LH-RH.

Anandron: appellation commerciale du nilutamide.

Anatomie: étude de la structure des parties du corps et des relations entre ces structures.

Androgène: hormone responsable des caractéristiques mâles et du développement et de la fonction des organes sexuels mâles (ex.: la testostérone).

Anémie: diminution anormale de la capacité du sang à transporter l'oxygène.

Anesthésie: perte de sensation faisant suite à l'administration de médicaments ou de gaz. L'anesthésie générale entraîne la perte de conscience. L'anesthésie locale engourdit une région spécifique.

Aneuploïde: se dit d'une cellule constituée d'un nombre anormal de chromosomes. Ex.: tétraploïde signifie la présence de plus de deux jeux chromosomiques, ce qui est deux fois plus élevé que la normale. Voir aussi « Diploïde ».

Antérieur: l'avant. Ex.: la partie antérieure de la prostate est celle qui fait face à l'avant du corps.

Antiandrogène: composé (généralement un médicament synthétique) qui bloque ou nuit à l'action normale des androgènes. On l'utilise souvent en association avec l'orchidectomie ou avec les analogues de la LH-RH.

Antibiotique: médicament capable de détruire certains types de bactéries.

Anticholinergique: substance inhibant l'action de certains nerfs non contrôlés consciemment.

Anticoagulant: médicament qui empêche la coagulation du sang.

Anticorps: protéine fabriquée par le système immunitaire pour agir comme outil de défense contre une substance « étrangère » ou envahissante. Par exemple, en présence d'un rhume, le corps produit des anticorps contre le virus du rhume.

Antigène: substance « étrangère » (virus ou bactérie) qui s'introduit dans le corps ou autre élément, que le système immunitaire juge « étranger », car il ne fait pas partie des composants biologiques normaux du corps humain (ex.: cellules du cancer de la prostate).

Antigène prostatique spécifique (APS): voir « Antigène spécifique de la prostate (ASP) ».

Antigène spécifique de la prostate (ASP): protéine synthétisée dans la prostate que l'on peut détecter dans le sang. Son taux augmente en réaction à la présence d'éléments étrangers comme les cellules du cancer de la prostate. On l'utilise pour détecter des problèmes potentiels à l'intérieur de la prostate.

ASP libre: ASP non lié à des protéines.

Anus: ouverture du rectum.

Appareil génital: ensemble des organes qui, chez l'homme, comprend les testicules, le canal déférent, les vésicules séminales, la prostate et le pénis.

Appareil génito-urinaire: désigne tout ce qui se rapporte à l'appareil génital et à l'appareil urinaire.

Appareil urinaire: groupe d'organes et leurs interconnexions qui permettent d'évacuer du corps l'excès de liquides filtrés. Ce système comprend (chez l'homme) les reins, les uretères, la vessie, l'urètre et le pénis.

Apex: extrémité ou racine de la prostate. Ex.: partie de la prostate la plus éloignée de la vessie.

APS (Antigène prostatique spécifique): voir « Antigène spécifique de la prostate (ASP) ».

ASP (Antigène spécifique de la prostate): voir « Antigène spécifique de la prostate (ASP) ».

Aspiration: méthode de succion pour extraire des liquides ou des tissus, habituellement au moyen d'une aiguille fine (ex.: biopsie par aspiration).

Asymptomatique: qui ne présente aucun symptôme lié à une maladie spécifique.

Attente sous surveillance: Suivi des patients atteints du cancer de la prostate jusqu'à ce que des symptômes apparaissent ou que le cancer se répande. En général, on administre alors une hormonothérapie pour atténuer les symptômes et la progression de la maladie.

BAC: voir « Blocage androgénique complet ».

Bandelette masculine: chirurgie qui consiste à utiliser une bandelette pour comprimer l'urètre dans le but d'empêcher les pertes d'urine dans certains contextes comme la toux, l'éternuement ou l'exercice.

Base: la base de la prostate est la partie évasée, située au-dessus de la prostate, dans la région la plus proche de la vessie.

Bassin: partie du squelette qui unit les membres inférieurs au corps. Le terme latin « pelvis » peut également être utilisé.

Bénin: relativement inoffensif. Qui n'est ni cancéreux, ni malin, ni potentiellement mortel.

Bicalutamide: antiandrogène non stéroïdien, disponible au Canada, aux États-Unis et dans certains pays européens pour traiter le cancer avancé de la prostate. (Voir « Casodex »)

Bilatéral: signifie « les deux côtés ». Ex. : une orchidectomie bilatérale est l'ablation chirurgicale des deux testicules ; la surrénalectomie bilatérale est l'ablation des deux glandes surrénales.

Biopsie: prélèvement d'un tissu sur un être vivant dans une région spécifique (ex. : la prostate) afin de détecter des anomalies comme le cancer. Dans le cas du cancer de la prostate, les biopsies sont généralement réalisées sous échoguidage à l'aide d'un appareil à ultrasons perfectionné.

Bisphosphonate: médicament servant à accroître la densité osseuse, ce qui peut permettre d'éviter les fractures et de diminuer les risques de douleur osseuse.

Blocage androgénique complet: usage combiné de deux formes d'hormonothérapie visant à bloquer l'effet de la testostérone et d'autres androgènes produits par les glandes surrénales.

Bouffée de chaleur: sensation soudaine de chaleur au visage, au cou et dans le haut du corps. Un effet secondaire causé par plusieurs types d'hormonothérapie.

Bulbe spongieux: section élargie de l'urètre située en aval du passage de l'urètre dans la prostate. Le liquide séminal s'accumule dans le bulbe spongieux avant l'éjaculation.

Canal déférent: tube qui transporte le sperme des testicules vers la prostate avant l'éjaculation.

Cancer: croissance incontrôlée de cellules anormales dans le corps.

Capsule: tissu conjonctif fibreux servant d'enveloppe extérieure à la prostate.

Carcinome: autre terme pour désigner le cancer.

Casodex: appellation commerciale du bicalutamide.

Castration: recours à des techniques chirurgicales ou médicales pour réduire à zéro, ou presque, le taux de testostérone chez l'homme.

Cathéter: tube creux (habituellement en plastique, latex ou silicone) pouvant être utilisé pour drainer des liquides hors du corps ou pour y injecter des liquides. Dans le cas du cancer de la prostate, il arrive souvent que les patients aient un cathéter transurétral pour drainer l'urine durant un certain temps après une chirurgie ou après certains types de radiothérapie.

Chimioprévention: usage de médicaments ou d'autres substances pour prévenir le développement du cancer.

Chimiothérapie: traitement à l'aide de médicaments pour détruire les cellules cancéreuses. Dans bon nombre de cas, en plus de détruire des cellules cancéreuses, les agents chimiothérapeutiques détruisent d'autres cellules de l'organisme, ce qui les rend potentiellement dangereux.

Chromosomes: structures en forme de bâtonnets, présentes dans chaque cellule porteuse de gènes composés d'ADN. Une cellule humaine contient normalement 46 chromosomes.

Collagène: substance chimique colloïdale faite de protéines, parfois injectée dans la région du sphincter vésical pour traiter l'incontinence.

Collecteur d'urine: dispositif, interne ou externe, servant à recueillir l'urine d'une personne incontinente.

Complication: effet inattendu ou non désiré associé à l'usage d'un traitement, d'un produit pharmaceutique ou d'une autre intervention.

Congestion: état caractérisé par l'accumulation de liquide dans une région du corps. Dans le cas de la congestion de la prostate, on assiste à une accumulation de liquide prostatique, souvent douloureuse et parfois responsable de la prostatite.

Consentement éclairé: dans le cas d'un essai clinique, ce terme indique que le patient connaît la nature de l'essai, qu'il comprend son utilité et la raison pour laquelle il a été invité à y participer et, enfin, qu'il sait exactement quel sera son rôle au sein de l'étude.

Continence: capacité à retenir volontairement ses urines.

Contracture: rétrécissement persistant du col de la vessie (sténose du col vésical), parfois manifeste après une prostatectomie radicale et donnant lieu au rétrécissement du passage entre la vessie et l'urètre.

Corps caverneux: deux chambres que contient le pénis sur toute sa longueur et qui se gorgent de sang pour créer l'érection.

Corps spongieux: tissu spongieux du pénis traversé par l'urètre.

Coupe sous congélation: segment congelé étudié sous microscope en vue d'obtenir un avis pathologique préliminaire concernant la présence ou l'absence du cancer de la prostate (en général dans les ganglions lymphatiques pelviens).

Cryoablation: voir « Cryochirurgie ».

Cryochirurgie: utilisation de l'azote liquide pour congeler un organe spécifique à des températures extrêmement basses dans le but de détruire des tissus, incluant tous les tissus cancéreux.

Cryothérapie: voir « Cryochirurgie ».

Curage ganglionnaire par voie laparoscopique: test utilisant un appareil nommé laparoscope, qui implique l'ablation de tissus à l'aide de petites incisions. Ces tissus sont par la suite examinés pour détecter l'existence potentielle de ganglions lymphatiques cancéreux situés près de la prostate.

Curage ganglionnaire pelvien: ablation de ganglions lympha-tiques dans la région pelvienne.

Curiethérapie: implantation de grains radioactifs émettant des photons de faible énergie en vue de détruire des tissus environ-nants (ex.: la prostate, incluant les cellules du cancer de la pros-tate).

Cystite interstitielle: inflammation chronique de la vessie.

Cytoréduction: recours aux hormones ou à d'autres formes d'interventions pour réduire le volume du cancer de la prostate à l'intérieur de la prostate ou autour de la prostate avant d'utiliser un traitement curatif (ex.: du stade T3a au stade T2b). Cette tech-nique est hautement controversée.

Cystoscope: tube utilisé par les médecins pour visualiser l'inté-rieur de la vessie et de l'urètre.

Cystoscopie: examen de l'intérieur de la vessie et de l'urètre, réalisé à l'aide d'un cystoscope.

Densité de l'antigène spécifique de la prostate: mesure déterminée en divisant le taux d'ASP par le volume de la prostate (sa taille étant mesurée à l'aide de l'échographie transrectale).

Dépistage: recherche d'une maladie, notamment le cancer, chez des personnes ne présentant aucun symptôme.

DES: voir « Diéthylstilbœstrol ».

DHT: voir « Dihydrotestostérone ».

Diagnostic: évaluation des signes, des symptômes et des résultats de tests sélectionnés par un médecin pour en déterminer les causes physiques et biologiques, et pour détecter la présence d'une maladie ou d'un trouble.

Diéthylstilbœstrol: hormone femelle couramment utilisée dans les années 1960 et 1970 pour le traitement du cancer de la prostate.

Différenciation: changement d'une forme originale non spécifique vers une forme différente plus spécialisée. Ex. : les différences entre les cellules du cancer de la prostate sont examinées sous microscope afin d'évaluer la gravité de la maladie.

Dihydrotestostérone: hormone mâle active dans la prostate. Elle est fabriquée lorsqu'une enzyme située dans la prostate transforme la testostérone.

Diploïde: se dit d'une cellule constituée d'un jeu complet de chromosomes normalement pairs. Ex. : un taux normal d'ADN.

Dysfonctionnement érectile: incapacité d'obtenir ou de maintenir un degré d'érection suffisant pour permettre une relation sexuelle satisfaisante. Cet état doit avoir été constant durant au moins trois mois avant d'être considéré comme un dysfonctionnement.

Dysplasie: voir « Néoplasie intra-épithéliale prostatique ».

Échographie transrectale: méthode d'imagerie de la prostate, réalisée à l'aide d'une sonde insérée dans le rectum. Couramment utilisée pour visualiser les biopsies de la prostate.

Effet secondaire: réaction à l'usage d'un médicament ou d'un traitement (couramment utilisé pour désigner un effet indésirable ou inutile).

Effractif: se dit d'un acte médical qui implique une incision ou l'insertion d'un instrument ou d'une substance dans le corps.

Éjaculat: liquide contenant le sperme (semence) émis par éjaculation. L'éjaculat contient généralement des spermatozoïdes provenant des testicules ainsi que du liquide séminal provenant des testicules, de la vésicule séminale et de la prostate.

Éjaculation: émission soudaine du sperme durant le rapport sexuel ou la masturbation.

Eligard: appellation commerciale de l'acétate de leuprolide aux États-Unis et au Canada.

Emcyt: appellation commerciale du phosphate d'estramustine aux États-Unis et au Canada.

Enzyme: protéine produite par les cellules qui accélère une réaction biochimique tout en demeurant inchangée.

Épididyme: tube qui s'étend derrière chaque testicule à l'intérieur du scrotum.

Épreuve de transcription inverse-amplification en chaîne par polymérase (RT-PCR): technique qui permet au médecin de rechercher de minuscules quantités de protéines, comme l'APS, dans le sang ou dans d'autres liquides et tissus.

Érection: mécanisme qui permet le durcissement du pénis à la suite d'une augmentation du débit sanguin dans cet organe.

Essai clinique: expérience planifiée avec soin pour évaluer un traitement ou un médicament (souvent un produit pharmacologique) en vue d'un usage pour lequel il n'existe encore aucune preuve certaine.

Essai en double insu: également appelé « essai à double aveugle », cette forme d'essai clinique se distingue par le fait que ni les médecins ni les patients y prenant part ne connaissent la nature des traitements administrés à chacun des sujets. Les essais en double insu sont un moyen de minimiser l'impact des opinions personnelles des patients et des médecins sur les résultats de l'étude.

Essai multicentrique: essai qui se déroule dans de nombreux sites au même moment.

Essai unicentrique: essai réalisé à un seul endroit et par un seul investigateur.

Estrogènes: groupe d'hormones le plus important pour le développement sexuel de la femme. Certains estrogènes (ex.: le diéthylstilbœstrol) sont utilisés par certains médecins dans le traitement du cancer de la prostate.

Eulexin: appellation commerciale du flutamide aux États-Unis.

Exercices de Kegel: exercices conçus pour renforcer les muscles du plancher pelvien, aidant ainsi à améliorer le contrôle de la vessie et à réduire les risques de fuites d'urine.

Exercices des muscles du plancher pelvien: voir « Exercices de Kegel ».

Expérimental: technique ou procédé non prouvé (ou même non testé). Veuillez noter que certains traitements expérimentaux sont couramment utilisés dans la prise en charge du cancer de la prostate.

Fibrose: formation d'une cicatrice.

Flutamide: antiandrogène utilisé dans l'hormonothérapie palliative du cancer avancé de la prostate et parfois dans l'hormonothérapie adjuvante ou néoadjuvante du cancer de la prostate à des stades précoces.

Ganglions lymphatiques: nombreuses petites structures qui filtrent la lymphe et produisent des lymphocytes. Les ganglions lymphatiques sont concentrés dans plusieurs régions du corps, notamment dans l'aisselle, l'aine et le cou.

Gastrointestinal: qui a rapport au système digestif et à l'intestin.

Gène: l'une des nombreuses unités de l'information héréditaire, localisée sur un chromosome et composée d'un court fragment d'ADN.

Glande: structure ou organe qui produit une substance utilisée dans une autre partie du corps.

Glaucome: terme regroupant différentes affections oculaires, caractérisées par une élévation anormale de la pression intra-oculaire pouvant aboutir à une perte du champ visuel.

Gleason: nom du médecin qui a mis au point la classification Gleason, système couramment utilisé pour étudier le grade histologique de l'agressivité tumorale des cancers prostatiques.

Gonadotrophine: hormone agissant sur les fonctions des glandes sexuelles (testicules chez l'homme).

Grade: moyen de décrire le degré potentiel de la gravité d'un cancer en examinant sous microscope l'apparence des cellules cancéreuses. Voir également « Gleason ».

Grains: pellets radioactifs implantés dans la prostate pour empêcher la croissance d'une tumeur cancéreuse.

Groupes coopératifs: réseaux d'organismes et de chercheurs œuvrant dans la communauté ou en milieu universitaire, qui collaborent pour mener des recherches. Il existe de nombreux groupes coopératifs au Québec.

Groupe témoin: groupe participant à un essai clinique, dont les membres reçoivent le meilleur traitement traditionnel disponible ou un placebo.

Gynécomastie: développement anormal et sensibilité du mamelon et de la glande mammaire chez l'homme.

HBP: hypertrophie bénigne de la prostate ou augmentation du volume de la prostate, un état qui touche la plupart des hommes âgés. L'HBP cause des problèmes à un grand nombre d'entre eux (mictions fréquentes la nuit). Ces problèmes peuvent devenir graves dans certains cas.

Hématospermie: présence de sang dans le sperme.

Hématurie: présence de sang dans l'urine.

Héréditaire: se dit des caractéristiques qui se transmettent des parents ou des générations précédentes aux descendants.

Hérédité: transmission d'une génération à l'autre de caractéristiques biologiques liées à leur ADN.

Histologie: étude à l'échelle microscopique de la morphologie et des propriétés fonctionnelles des tissus. Cette science fait habituellement appel aux compétences d'un pathologiste (un médecin) ou, dans certains cas, d'un cytologiste (qui n'est pas nécessairement un médecin).

Hormone de libération de la gonadotrophine: hormone chargée de stimuler la production de testostérone dans l'organisme.

Hormones: substances chimiques dotées d'une activité biologique et responsables du développement des caractéristiques sexuelles secondaires.

Hormonothérapie: utilisation d'hormones, d'analogues d'hormones et de certaines techniques chirurgicales pour traiter une maladie (notamment le cancer avancé de la prostate). On utilise ces produits seuls ou en association avec d'autres hormones ou avec d'autres méthodes thérapeutiques.

Hormonothérapie complète: voir « Blocage androgénique complet ».

Hyperplasie: développement exagéré d'un organe ou d'un tissu, dû à l'augmentation du nombre de cellules dans cet organe ou dans ce tissu. Voir également « HBP ».

Hyperplasie transurétrale: nouveau traitement de l'hyperplasie bénigne de la prostate. La chaleur engendrée par un système à micro-ondes soulage l'obstruction urinaire.

Hypophyse: glande située à la base du crâne, produisant des hormones qui stimulent la libération d'autres hormones, incluant la testostérone.

Imagerie: technique ou méthode permettant au médecin de visualiser une ou plusieurs parties du corps qui, sinon, ne seraient pas visibles.

Imagerie par résonance magnétique: technique permettant d'obtenir des images ultraperfectionnées d'organes dans le corps humain. Ces images peuvent être verticales, par coupes ou même tridimensionnelles. Contrairement aux rayons X, cette technique d'imagerie repose sur les propriétés électromagnétiques de différentes particules atomiques.

Implant : également appelé prothèse, ce dispositif est inséré dans le corps pour remplacer des structures anatomiques lésées ou qui ne sont plus fonctionnelles. Par exemple, la prothèse pénienne peut être insérée dans le pénis par opération chirurgicale afin de produire l'érection nécessaire aux rapports sexuels.

Impuissance : incapacité d'avoir une érection ou de la maintenir.

Incision transurétrale de la prostate : nouveau traitement de l'hyperplasie bénigne de la prostate. De petites incisions sont pratiquées à l'intérieur de l'urètre prostatique pour soulager l'obstruction urinaire.

Incontinence : incapacité à maîtriser l'émission de n'importe quelle substance. Se dit couramment pour décrire la perte d'urine ou l'incapacité à maîtriser l'émission d'urine (correctement appelée incontinence urinaire).

Incontinence à l'effort : perte de l'urine due à un effort physique : toux, éternuement, exercice.

Incontinence mixte : mélange des symptômes que présentent l'incontinence à l'effort et l'incontinence par impériosité.

Incontinence par impériosité : perte d'urine qui survient lorsque la vessie se contracte involontairement. La personne éprouve une envie impérieuse d'uriner et n'a pas le temps de se rendre aux toilettes.

Incontinence par regorgement : forme d'incontinence caractérisée par une incapacité partielle à vider la vessie, suivie d'une fuite d'urine incontrôlable. Également appelée « incontinence par trop-plein » ou « incontinence paradoxale ».

Indication : raison d'agir, de prendre une action. Terme qui désigne également l'utilisation clinique approuvée d'un produit pharmaceutique.

Infection urinaire : infection caractérisée par la présence de bactéries dans l'urine. Peut être accompagnée de fièvre ou d'une sensation de brûlure lors de la miction.

Infertilité : ce terme désigne l'incapacité de procréer. Chez un homme aux prises avec un problème de la prostate, l'infertilité peut être observée.

Inflammation : toute forme d'enflure, de douleur ou d'irritation.

Inhibiteur de la 5 alpha-réductase : enzyme présente dans la prostate qui contrôle la transformation de la testostérone en dihydrotestostérone. En bloquant l'action de cette enzyme, on parvient à inhiber la production de la dihydrotestostérone. Ce procédé empêche la progression d'une hypertrophie bénigne de la prostate.

Interstitiel : situé à l'intérieur d'un organe particulier. Par exemple, la radiothérapie interstitielle de la prostate est une radiothérapie qui consiste à placer dans la prostate des grains d'iode radioactifs. Voir également « Curiethérapie ».

Intraveineux : dans une veine.

IRM : voir « Imagerie par résonance magnétique ».

Laparascopie : technique qui permet au médecin d'observer les organes internes à l'aide d'un appareil optique introduit dans l'organisme par une minuscule incision chirurgicale.

Latent : se dit d'un cancer de la prostate – cancer de la prostate latent (ou microfocal) – qui ne manifeste aucun signe clinique et dont le patient ignore jusqu'à l'existence.

LH-RH : voir « Hormone de libération de la gonadotrophine ».

Libido : intérêt pour l'activité sexuelle.

Lobe : l'un des deux côtés d'un organe. (Ex. : la prostate ou le cerveau).

Localisé : qui se limite à une région bien définie.

Lupron : appellation commerciale de l'acétate de leuprolide aux États-Unis et au Canada.

Lycopène : pigment végétal important présent dans certains fruits.

Lymphadénectomie: intervention chirurgicale où l'on procède à l'excision d'un ganglion lymphatique.

Lymphe: liquide clair dans lequel baignent toutes les cellules de l'organisme, également connu sous l'appellation « liquide lymphatique ».

Lymphocyte: leucocyte (ou globule blanc). La numération des globules blancs est normalement de 25 %, mais leur nombre augmente en présence d'une infection. Les lymphocytes aident à protéger le corps contre les maladies.

Maladie de La Peyronie: maladie de cause inconnue, caractérisée par la présence de plaques au niveau des corps caverneux du pénis, ce qui cause une déviation et une érection douloureuse.

Malin: cancéreux.

Marge: désigne normalement la « marge chirurgicale », soit le bord extérieur du tissu que l'on a enlevé durant la chirurgie. Le pronostic est bon si la marge chirurgicale ne montre aucun signe de cancer (marge négative).

Métastase: tumeur secondaire dont la formation est due à l'action de cellules cancéreuses ou de cellules provenant du premier site tumoral (ex.: la prostate) qui se déplacent dans l'organisme pour croître dans un nouveau site.

Métastatique: qui possède les caractéristiques d'une tumeur secondaire.

Metastron: appellation commerciale du strontium-89 aux États-Unis et au Canada.

Monoclonal: qui est issu d'un seul groupe de cellules identiques.

Myasthénie grave: maladie dont la principale caractéristique est la fatigue excessive des muscles volontaires (ou muscles striés) utilisés fréquemment.

Négatif : terme utilisé pour décrire le résultat d'un test qui ne révèle pas la présence d'une substance ou d'un élément recherché. Par exemple, une scintigraphie osseuse négative ne révèle aucun signe de métastases osseuses.

Néoadjuvant : que l'on ajoute avant. Par exemple, l'hormonothérapie néoadjuvante est une thérapie administrée avant toute autre forme de traitement, telle qu'une prostatectomie radicale.

Néoplasie : croissance de cellules dans certaines conditions, qui les incitent à empêcher le développement de tissus normaux (ex. : un cancer).

Néoplasie intra-épithéliale prostatique : état pathologique identifiable soupçonné d'être précurseur du cancer de la prostate. Terme également désigné par de nombreux médecins sous l'appellation « dysplasie » ou PIN (Prostatic Intra-epithelial Neoplasia).

Néoplasme : croissance d'une tuméfaction anormale dans le corps humain. Peut être bénigne ou maligne.

Nilutamide : antiandrogène encore expérimental aux États-Unis, mais disponible au Canada et dans plusieurs autres pays.

Nitrate : médicament utilisé pour traiter les douleurs thoraciques.

Nocturie : besoin d'uriner fréquemment la nuit.

Non effractif : qui ne requiert ni incision ni insertion d'un instrument ou d'une substance dans le corps.

Oncologue : médecin spécialisé dans le traitement de divers types de cancers.

Oncologue médical : médecin spécialisé en chimiothérapie, qui utilise des médicaments pour traiter le cancer. Ce spécialiste possède également une vaste expérience dans le soulagement de symptômes physiques comme la douleur et dans le traitement de problèmes émotifs, psychologiques et spirituels.

Orchidectomie: ablation d'un ou des deux testicules.

Organe: ensemble de tissus qui travaillent en collaboration à réaliser une série de fonctions (ex.: le cœur, les poumons ou la prostate).

Ostéoporose: réduction de la quantité de tissus osseux augmentant les risques de fractures après un traumatisme minime.

Palliatif: qui est conçu pour soulager un problème spécifique ou plusieurs problèmes, sans nécessairement les guérir. Par exemple, un traitement palliatif est administré au patient pour soulager ses symptômes et améliorer sa qualité de vie, mais non pour le guérir.

Palpable: se dit de ce qui peut être perçu et mesurable par un médecin expérimenté durant un examen physique.

PAP: voir « Phosphatase acide prostatique ».

Parti pris: point de vue empêchant d'examiner une question de façon impartiale. Le caractère « aveugle » ou « randomisé » des essais cliniques permet de minimiser les partis pris.

Pathologiste: médecin spécialisé dans l'identification des maladies par l'examen des cellules et des tissus sous microscope.

Pelvis: voir « Bassin ».

Pénien: du pénis.

Pénis: organe de la miction et des relations sexuelles chez l'homme.

Périnéal: relatif au périnée.

Périnée: partie du corps qui s'étend du scrotum au rectum.

Périphérique: à l'extérieur de la région centrale.

Phosphatase acide prostatique (PAP): enzyme servant à un test diagnostique maintenant rarement effectué, qui sert à déterminer si le cancer a progressé en dehors de la prostate.

PIN: voir « Néoplasie intra-épithéliale prostatique ».

Placebo: comprimés, liquides ou poudres dépourvus de toute activité pharmacologique qui servent de base de comparaison avec des produits pharmaceutiques dans le cadre de recherches sur ces produits.

Ploïdie: terme utilisé pour décrire le nombre de jeux chromosomiques dans une cellule. Voir également « Diploïde » et « Aneuploïde ».

Pollakiurie: le besoin fréquent d'uriner.

Positif: terme qualifiant le résultat d'une épreuve qui révèle la présence d'une substance ou d'un élément faisant l'objet de cette épreuve. Par exemple, une scintigraphie osseuse dite positive révèle la présence de métastases osseuses.

Postérieur: qui est derrière. Par exemple, la partie postérieure de la prostate est celle qui fait face à la paroi dorsale de l'homme.

Préparation de l'intestin: vidange de l'intestin, procédé normal avant une chirurgie abdominale comme la prostatectomie radicale.

Préservation des nerfs érectiles: terme utilisé pour décrire un type de prostatectomie au cours de laquelle le chirurgien « préserve les nerfs » qui affectent les fonctions sexuelles et les fonctions associées.

Priapisme: érection persistante du pénis accompagnée de douleur et d'une sensibilité de l'organe, un état qui requiert une consultation médicale.

Progression: croissance ininterrompue d'un cancer ou la reprise de sa croissance.

Pronostic: prévision de l'état de santé futur du patient en se référant à l'état actuel de sa maladie et de son évolution potentielle.

Prostascint: test diagnostique avec Prostascint, matériel faiblement radioactif servant à identifier l'étendue et la propagation d'un cancer de la prostate.

Prostate: glande sphérique mâle de la taille d'une noix, entourant l'urètre et située immédiatement sous la vessie. Cette glande sécrète une partie du liquide séminal et ne joue normalement aucun rôle sur la miction.

Prostatectomie : ablation chirurgicale de la prostate. Voir également « Prostatectomie radicale ».

Prostatectomie par voie sus-pubienne : intervention durant laquelle le chirurgien effectue une incision à la partie inférieure de l'abdomen, au-dessus du pubis. Cette ouverture s'étend jusqu'à la prostate.

Prostatectomie périnéale : ablation chirurgicale de la prostate, réalisée en pratiquant une incision entre le scrotum et l'anus.

Prostatectomie radicale : ablation chirurgicale de la prostate, incluant sa capsule et parfois des tissus environnants.

Prostatectomie rétropubienne : prostatectomie qui se fait par une incision dans le bas-ventre, à la racine du pénis, en coupant dans la vessie pour atteindre la prostate ou en coupant directement à travers la capsule prostatique.

Prostatectomie transurétrale échoguidée par laser (TULIP) : technique utilisée pour traiter l'hypertrophie bénigne de la prostate. Un rayon laser échoguidé enlève l'excès de tissus prostatique qui nuit à l'évacuation de l'urine.

Prostatite : infection ou inflammation de la prostate.

Prostatite aiguë : infection de la prostate caractérisée par la flambée soudaine de symptômes graves, notamment par une fièvre élevée et une sensation de brûlure à la miction.

Prostatose : douleur chronique au niveau de la prostate.

Prothèse : dispositif ou appareil servant à remplacer un membre ou un organe du corps humain.

Prothèse pénienne : prothèse ou dispositif artificiel servant à traiter l'impuissance. Une fois insérée chirurgicalement dans le pénis, la prothèse le rend suffisamment rigide pour permettre la pénétration vaginale et des rapports sexuels soutenus.

Protocole : série de méthodes précises utilisées durant la réalisation d'un essai clinique ou de toute étude biomédicale.

Pyélographie endoveineuse : examen radiologique utilisant de l'iode injecté dans une veine pour évaluer le système urinaire (reins et uretères).

Qualité de vie: évaluation de l'état de santé du patient selon son âge, ses attentes et ses facultés physiques et mentales.

Radio-isotope: substance radioactive (ou produit chimique sur lequel est fixé une substance radioactive) qui émet un rayonnement radioactif.

Radiologie: branche de la médecine axée sur les rayons X, les ultrasons et d'autres techniques d'imagerie.

Radiologue: médecin spécialiste habilité à interpréter les images obtenues en imagerie médicale (ex.: rayons X, échographie ou autres techniques d'imagerie).

Radio-oncologue: médecin détenant une formation spécialisée pour traiter des cancers à l'aide de divers types de radiations.

Radiothérapie: utilisation de rayons X pour tenter de détruire des tissus malins.

Radiothérapie conformationnelle: thérapie faisant appel à une planification minutieuse et à des techniques thérapeutiques conçues pour cibler la radiation sur les régions visées et les tissus environnants qui nécessitent un traitement, de façon à protéger les zones qui n'ont pas besoin d'être traitées. La radiothérapie conformationnelle en trois dimensions est la méthode de ce type la plus perfectionnée.

Randomisation: méthode d'attribution de différentes formes de traitements aux patients du groupe expérimental ou du groupe témoin par le recours du hasard. Un moyen de ne pas biaiser l'analyse.

Rayon externe: forme de radiothérapie dans laquelle les rayons sont émis depuis l'extérieur par un appareil qui cible la région à traiter.

Rayon X: type de radiation utilisée pour obtenir des images des structures internes du corps humain et pour traiter des affections malignes.

Récidive: reprise d'une maladie.

Rectum: portion terminale des intestins s'étendant jusqu'à l'anus.

Réduction tumorale: réduction du volume d'un cancer à l'aide de l'une des techniques appropriées. Terme surtout utilisé pour désigner la chirurgie de réduction tumorale.

Réfractaire: qui ne réagit pas aux traitements.

Régression: réduction de la taille d'une tumeur ou réduction du nombre de tumeurs ou de leur taille.

Rein: organe dont la principale fonction consiste à filtrer les liquides qui circulent dans l'organisme.

Rémission: disparition réelle ou apparente de certains signes et symptômes d'un cancer ou de tous ses signes et symptômes.

Résection: ablation chirurgicale des tissus.

Résection transurétrale de la prostate (RTU-P): intervention chirurgicale qui consiste à enlever une partie de la prostate située autour de l'urètre à l'aide d'un résectoscope.

Résectoscope: instrument inséré dans l'urètre par un urologue pour couper des tissus (habituellement de la prostate). Cet outil permet également de voir avec précision le site de l'incision.

Résistance: capacité physiologique du patient de résister à la maladie grâce à l'action efficace de son système immunitaire.

Rétention urinaire: incapacité de vider complètement la vessie.

Rétroaction biologique: technique utilisant des électrodes pour aider les personnes à prendre conscience de leurs muscles pelviens et à les contrôler.

Rétropubien: situé derrière l'arc pubien.

Risque: éventualité d'un événement ou d'une possibilité qu'un tel phénomène n'ait pas lieu.

RT-PCR: voir « Épreuve de transcription inverse-amplification en chaîne par polymérase (RT-PCR) ».

RTU-P: voir « Résection transurétrale de la prostate (TUR-P) ».

S

Sauvetage : intervention visant à « secourir » le patient après l'échec d'un traitement antérieur. Par exemple, la prostatectomie de sauvetage consiste à procéder à l'ablation de la prostate en cas d'échec de la radiothérapie ou de la cryochirurgie.

Scintigraphie osseuse : technique perfectionnée qui consiste à injecter une substance radioactive (inoffensive) pour détecter des croissances anormales ou cancéreuses dans les os ou fixées aux os. Dans le cas du cancer de la prostate, la scintigraphie sert à repérer les métastases osseuses, indiquant la prolifération du cancer à l'extérieur de la prostate.

Scintigraphie rénale : technique de médecine nucléaire permettant une imagerie de la fonction rénale.

Scrotum : enveloppe cutanée des testicules.

Sélénium : élément non métallique relativement rare, présent dans la nourriture en petite quantité, qui pourrait avoir un certain effet préventif contre le cancer.

Séminal : relatif au sperme.

Sérum : liquide transparent dans le sang.

Sextant : qui a six parties. Ainsi, la biopsie en sextant requiert six échantillons.

Signe : changement physique perçu comme étant la conséquence d'une maladie.

Sonde de Foley : type de sonde à ballonnet, nommée d'après son inventeur, insérée dans le corps. Le ballonnet maintient la sonde en place. Ce dispositif est habituellement introduit dans la vessie, à travers le pénis, afin de drainer l'urine après une chirurgie de la prostate.

Sous-capsulaire : sous la capsule. Par exemple, une orchidectomie sous-capsulaire est une forme de castration au cours de laquelle on élimine le contenu de chaque testicule. On referme ensuite les capsules testiculaires, lesquelles demeurent dans le scrotum.

Sperme: liquide blanchâtre et opaque émis par le pénis de l'homme durant l'éjaculation.

Sphincter: muscle annulaire, disposé autour de l'urètre, qui contrôle le passage de l'urine.

Sphincter artificiel: prothèse ou dispositif artificiel parfois utilisé pour traiter l'incontinence après la chirurgie de la prostate.

Stade: terme utilisé pour définir la taille et l'étendue physique d'un cancer.

Stadification: processus d'évaluation du stade du cancer à la lumière de l'information disponible.

Stadification incorrecte: évaluation incorrecte du stade clinique lors du diagnostic initial à cause de la difficulté à analyser avec précision l'information disponible.

Sténose: rétrécissement dû à une intervention ou à une blessure, qui nuit au débit d'un liquide. Par exemple, une sténose urétrale restreint le débit urinaire dans l'urètre.

Stent: cylindre, également dénommé « endoprothèse urétrale », qu'utilise le chirurgien pour drainer les liquides.

Strontium 89: produit radioactif injectable utilisé pour soulager la douleur aux os qu'éprouvent certains patients atteints d'un cancer de la prostate et qui ne répondent plus à l'hormonothérapie ou à des formes appropriées de chimiothérapie.

Suprefact: appellation commerciale de l'acétate de buséréline aux États-Unis et au Canada.

Surrénales: les glandes surrénales, qui sont au nombre de deux, sont situées au-dessus des reins. Elles produisent différentes hormones, dont certaines hormones sexuelles (ex.: l'androgène produite par la glande surrénale).

Surveillance active: observation active et régulière d'un patient (toucher rectal, taux d'APS et biopsies) sans traitement agressif jusqu'à ce qu'il y ait des preuves de progression de la maladie.

Sus-pubien: au-dessus de l'arc pubien.

Suture: utilisation chirurgicale de fils pour refermer une plaie ou une incision.

Symptôme : sensation ou expérience associée à un trouble mental ou physique et perçue par le patient.

Système immunitaire : système biologique qui protège l'être humain ou l'animal contre les agressions de substances étrangères comme les bactéries, les virus, les cellules cancéreuses et d'autres éléments susceptibles de rendre malade cette personne ou cet animal.

Systémique : qui affecte un système dans son ensemble.

Temporisation : observation active et surveillance régulière du patient sans qu'aucun traitement ne lui soit administré.

Temps de doublement : temps que met un foyer cancéreux à doubler de volume.

Testicules : glandes sexuelles mâles situées dans le scrotum. Ces deux glandes sont la principale source de l'hormone mâle appelée testostérone.

Testostérone : hormone mâle ou androgène comprenant environ 90 % des androgènes chez l'homme. Elle sert au développement sexuel et à la fertilité.

Thérapie génique : nouveau type de traitement à l'aide duquel les gènes défectueux sont remplacés par des gènes normaux.

Tomodensitométrie : la tomodensitométrie (également connue sous les noms de « tomographie axiale assistée par ordinateur » ou de « scanner ») est une méthode combinant l'utilisation d'images de rayons X et de l'informatique pour produire d'excellentes images transversales (en coupe) ou en trois dimensions d'un ou de plusieurs organes internes. Cette technique sert à détecter les anomalies.

Toucher rectal : introduction par un médecin d'un doigt ganté et lubrifié dans le rectum, permettant de percevoir une sensibilité ou une anomalie de la prostate et du rectum.

TR : voir « Toucher rectal ».

Transition: changement. Par exemple, la zone de transition de la prostate est l'endroit où la prostate est la plus proche de l'urètre. Cette zone possède des caractéristiques la distinguant de la zone périphérique, qui est beaucoup plus large.

Transpérinéal: par le périnée.

Transrectal: par le rectum.

Transurétral: par l'urètre.

Travailleur social / travailleuse sociale: professionnel spécialiste des ressources communautaires destinées aux personnes en situation de crise. Il aide les personnes à améliorer leurs conditions de vie et à s'adapter aux changements de situations sociales et économiques.

Tumeur: gonflement anormal des tissus, de nature bénigne ou maligne.

Tumeur maligne: tumeur formée de cellules cancéreuses.

Tumeur secondaire: tumeur qui s'est répandue à partir du foyer où elle a pris naissance (métastase).

TULIP: voir « Prostatectomie transurétrale échoguidée par laser ».

Ultrasons: sons à ondes de haute fréquence utilisés pour voir les organes et les structures internes (ex.: le fœtus dans l'utérus).

Unité: terme chirurgical désignant un litre (généralement de sang).

Uretère: conduit qui transporte l'urine des reins à la vessie.

Urètre: canal qui évacue l'urine de la vessie vers l'extérieur en passant par la prostate et le pénis.

Urgence: besoin impérieux d'uriner.

Urologue: médecin détenant une formation de chirurgien, spécialisé dans les troubles de l'appareil génito-urinaire.

Vasectomie: intervention de stérilisation masculine qui consiste à couper le canal déférent, empêchant ainsi le passage du sperme des testicules à l'urètre prostatique.

Vésicule: petite poche contenant du liquide (ex.: vésicules séminales).

Vessie: organe creux formant un réservoir dans lequel s'accumule l'urine.

Vessie hyperactive: état caractérisé par la contraction involontaire des muscles vésicaux.

Vessie neurogène: trouble dû à l'anomalie fonctionnelle des nerfs responsables du contrôle de la vessie.

Zoladex: appellation commerciale de l'acétate de goséréline.

Zone: partie d'un organe ou la région qu'il occupe.

ACHEVÉ D'IMPRIMER
chez Imprimerie HLN
Sherbrooke (Québec)
en juin 2015
pour le compte d'Annika Parance Éditeur